요술램프 문지르기

성형외과 의사 이영주 원장의 메디컬 에세이

요술램프
문지르기

이영주 지음

다밋

영주의 생각과 철학이 담긴 책 출간을 축하하며

_이기화 (행복을 심는 치과 원장)

첫 인상 60점. 술집에서 처음 본 날, 생활한복을 입고 나타난 성형외과 의사. 전혀 세련되지 않은 모습에 어쩌면 튀고 싶어서 그러는 건지…. 두 번째 인상 65점. 어느 날 우리 딸이 아빠 허락 없이 성형수술을 하고 왔다. 그러면서 자기를 수술해 준 의사가 실력 있고 특출하다며 주절주절 이야기한다. 듣다보니 특이한 의사 같아서 궁금해진다. 아빠 이야기를 하니 나를 알 것 같다고 하더란다. 실밥 푸는 날 같이 가보니 영주다.

세 번째 인상 67점. 모임이 있는 날 먼저 일찍 도착하게 되었다. 혼자 심심해하고 있는데 옆자리에서 인사를 먼저 한다. 자연스럽게 술 한 잔 주더니 같이 있는 동료들을 소개해준다. 전부 다른 직업의 사람이다. 너무나 자연스럽게 어울려서, 약속한 사람들이 왔는데도 가고 싶지 않았다. 그 후로도 시내를 다니다가 우연히 두세 번 부딪쳤다. 항상 먼저 알아보고 반갑게 인사한다.

네 번째 인상 70점. 시내로 병원을 이전하고 보니 요셉성형외과 앞 건물이다. 반갑다고 술 한잔 사주는데, 술집 직원들한테 거의 교주 수준이다. 돈 힘이 아니라 잔잔한 대화로 마음을 움직이고 있다.

다섯 번째 인상 75점. 《덕분입니다》 에세이집을 한 권 준다. 뒤에서부터 읽어본다. 몰입하게 만드는 시 같은 간결하고도 쉬운 문장. 영주의 철학이 느껴진다.

여섯 번째 인상 80점. 술 마실 때마다 친구라며, 동생이라며, 형이라며 내게 소개해준다. 항상 남자하고만 술 마시고 논다. 나이도 다르고 직업도 다 다른데 모두 잘 어울려 마신다. 모두의 공통분모에 의사가 아닌 영주가 있다.

일곱 번째 인상 88점. 일주일에 두세 번은 점심을 같이하게 된다. 식후에 꼭 커피숍을 들러 이런 저런 세상 이야기를 한다. 사람을 보는 독특한 생각, 사건을 통찰하는 특이한 방식에 놀란다.

우리 병원 직원들도 나보다 영주를 더 좋아한다. 이건 점수를 깎아야 하는 건가! 만날 때마다 점수가 올라간다. 처음 있는 일이다. 영주의 생각과 철학이 담긴 책이 또다시 출판된단다. 추천사를 부탁했다. 영광이다. 기대가 된다.

몸도 고치고 마음도 고치는

_정우진 (월간 Luxury 영남지사 / Hotel Hermes / ㈜한터건축 대표이사)

뭐랄까. 굳이 이영주 원장을 도자기로 표현한다면 나는 '막사발'이
라고 표현하고 싶다. 막사발은 겉으로 드러나지 않으면서도 그 쓰임
새가 다양하고, 보면 볼수록 깊이가 있으며 또 싫증이 나지 않는다.

막사발만의 질박하면서도 투박함 속에 사람의 온기와 정을 느낄
수 있는 순수함이 있기에 그는 막사발을 닮았다. 인테리어 쪽에서
사용하는 말로, 그는 건축 목수의 '오야지' 같은 사람이다. 눈에 드러
나는 마감은 아니나, 건축 공정의 앞과 뒤 공정을 조율하면서 가장
중요한 기초 부분을 성실하게 해줄 것 같은 사람. '노가다' 말로 목수
대장같은 사람이다.

만약 이영주 원장이 성형외과 의사가 되지 않았다면 그는 아마 지
금쯤 단골 많은 포장마차의 주인이 되지 않았을까 싶다. 성형외과
의사라는 명함이 있으면서도 누구에게나 부담 없이 술잔을 내밀 수
있는 구수함과 소탈함이 있기 때문이다. 맛있는 곰장어를 구우면서
관상이나 사주도 봐주고, 소주 한잔 나누며 기분 좋은 웃음을 남기
는 푸근한 포장마차 주인 아저씨.

또 하나. 그는 언제나 진행형이다. 그의 반짝이는 눈 속엔 늘 새로운 아이디어와 놀라운 예지력이 있다. 사람들을 깜짝 놀라게 할 만큼 재치 있는 순발력과 해박한 지식 말이다.

째리뽕이영주 원장이 직접 만든 약으로, 알콜을 빨리 분해하여 골프와 같이 집중력을 요구하는 스포츠에 효과가 좋음 1탄, 2탄, 3탄 등을 개발해내는 끊임없는 실험 정신이 놀랍기만 하다. 그 째리뽕으로 인해 나를 비롯한 그의 지인들은 가끔 마루타가 되곤 한다.

그는 흰 가운을 입었을 때도 멋있지만, 퇴근 후 평상복을 입어도 멋이 나는 사람이다. 하도 옷을 사지 않아 계절이 바뀔 때마다 입던 옷 몇 벌을 주면, 일 년을 넘게 입는다. 그만큼 자기 자신에게는 아주 검소하고 소탈하다. 그래서 우리는 그를 사랑하지 않을 수 없다.

사랑하는 나의 동생 이영주, 이 책이 벌써 세 번째 탈고를 하게 되었구나. 정말 축하한다. 늘 건강하고 행복하렴. 사랑한다.

제가 어떻게 책을 만들게 되었느냐구요?

제가 책을 만들게 된 것에 대해 궁금해 하시는 분들이 많았습니다. 한마디로 언제 책을 쓸 시간이 있었느냐는 질문입니다.

인터넷에 '대한 통합 의료 연구회'라는 의사들의 모임이 있습니다. 그곳에 있는 자유게시판에 틈틈이 올린 제 글이 모여 책이 되었습니다. 다음 글들은 자유게시판에 제가 올린 글과 여러 회원들이 그 글에 답을 해주신 것입니다.

내가 올린 글

각자의 잠재의식 속에는 또 다른 존재가 있다. 그 존재는 알라딘의 요술 램프에 갇힌 거인처럼 초능력을 가진 존재이다. 갇혀 있기에 외부에서 일어난 일을 알지는 못하지만 짐작은 다 하고 있다. 우리가 원하는 어떤 일을 그 존재에게 부탁하면 다 들어준다. 문제는 램프 안에서 밖으로 나오게 해야 한다.

우리 육체는 이 존재를 가두어두는 램프다. 거인을 불러내서 우리 소원을 말하면 다 이루어질 텐데, 이제 램프를 슬슬 문질러 볼까.

Dr. Lee's Magic Lamp of Beauty

데이비드 호킨스의 의식혁명과 에드가 케이시의 일화를 보며 알라딘의 요술 램프라는 이야기를 떠올리게 되었다. 선각자들은 어떤 비밀들을 이런 방식으로 비유했을 거라고….

거인을 꺼내는 방법은 '몰입'이다. 마라톤을 하거나, 삼천 배를 올리는 동안 육체적 고통이 따를 때 어느 순간 램프는 열리고 거인이 스르르 나타난다. 그리고 거인은 풀리지 않는 인간사를 해결해 준다.

인간의 잠재의식에 접근하는 데는 여러 가지 길이 있다. 그런데 그러기 위해서는 전제 조건이 하나 있다. 그 목적이 선하여야 한다는 것이다. 욕심과 집착은 거인이 거부하기 때문이다. _글쓴이 이영주

댓글

사실 반성하고 있습니다. 전 나이가 들어가며 점점 알라딘의 요술 램프는 없다고 확신을 하게 되더군요. 동심을 잃어가고, 점점 세상의 악한 이들을 대하다 보니 그들보다 더 악한 사람이 되어가고 있다는 게…. _이영호

램프 자꾸 문지르면 안 되는데…. 자꾸 문지르다 길이라도 나게 되어 시도 때도 없이 들락거리면 골치 아픈데…. _김현중

《시크릿》에서도 그 얘기가 나오죠! 끌어당김의 법칙이라고…. 이 우주에 꽉 찬 거대한 요술 거인이 자기가 원하는 것은 무조건 들어준다고…. _노정균

세상사 모든 일로부터 자유로워지는 순간이겠네요. 세상의 일에 집착하는 것이 우리 업이라면 세상사로부터 자유로워지기 위해 온전히 무념무상으로 존재할 수 있어야 깨달음에 접근할 수 있다는 것이 불교의 논법입니다. 그래서 삼천배도 하고 주문도 하고 독경도 하고 참선을 하면서 삼매에 들기 위해 수행을 하는 것이지요. _김우상

가부좌를 틀고 앉거나 오체투지로 라싸에 가거나 삼천 배를 하거나 주문, 독경을 수만 번 하면 무념무상 깨달음에 이를까요? 붓다는 "그대 스스로를 비추는 빛이 되라아빠 디빠 브하바."는 유언을 제자들에게 남기고 우주 속으로 사라졌습니다. 이것이 그가 전하려 했던 메시지 전부입니다.참고문헌. 법구경 강의 2권 25쪽, 오쇼 라즈니슈 강의 _김성기

인생이란 게 뭐냐고 자주 묻곤 했습니다. 그러다가 아래와 같은 생각에 다다르게 되었습니다.

윤회를 거듭해 현재 '나'라는 육체에는 현재의 모습과 처지로 한평생 동거해야 하는 또 다른 영혼이 있습니다. 이 영혼에게는 실타래처럼 엮어진 업이 있으며, 인생은 그 전생의 업을 하나씩 풀어가는 것이라는 생각이 듭니다. 그리고 동반자인 표면의식과 잠재의식은 서로 도와줄 수도 있고, 반대가 될 수도 있습니다.

가만히 앉아 흘러가는 인생을 물끄러미 바라봅니다. 어차피 굽이굽이 흘러간다고 해도 가야할 곳은 저긴데 너무 빨리 가려고 아등바등하지 말고 조금만 천천히 갑시다. 그리고 지금 하나씩 풀리고 있는 이 실타래를 저처럼 글로 적어보세요. 이렇게 하다 보면 책이 만들어진답니다.

2010년 가을

이영주

목차

Part 1
은행 나무 침대

Part 2
오토바이 그리고 에피소드

Part 3
문어와 물고기

Part 4
키 작은 사과나무

Part 5
내가 수술하는 것은 마음

Part 1
은행나무 침대

요셉 이야기

'기뻐도 너무 크게 웃지 말고, 슬퍼도 너무 크게 슬퍼하지 말라.'
인생은 새옹지마라는 것을 깨닫게 된 것 같다.

우리 병원 이름은 세 번이나 바뀌었다. 처음에 혼자 개원을 할 때 '요셉성형외과'였다가, 네 명의 원장님이 모여 'S성형외과'로 바꾸었다가, 지금은 다시 '요셉성형외과'라는 이름을 사용하고 있다.

그래서 '성당 세례명이냐?' 묻는 분들이 많다. 그러면 본가는 기독교이고 처가는 가톨릭이니, 나는 그냥 크리스천이라고 대답한다.

사실 나는 사주·관상·역학 책을 자주 읽고, 최면술을 배우며, 한방이나 민간요법에 관한 책을 읽고, 초능력에 관심이 많으며, UFO를 좋아하는 황당무계한 부류다. 나한테 그런 얘기를 한 번 시켜 놓으면 밤을 새운다. 얘기를 듣는 사람들이 자꾸 더 얘기해달라고 해서 예비군 훈련 중에 아침 다섯 시에 잔적도 있다.

그런데 왜 '요셉'이냐? 여기서 등장하는 요셉은, 마리아의 남편 요셉이 아니라 야곱의 아들 요셉을 뜻한다.

사주를 공부하며, '기뻐도 너무 크게 웃지 말고, 슬퍼도 너무 크게 슬퍼하지 말라' 인생은 새옹지마라는 것을 깨닫게 된 것 같다.

어떤 날은 수술이 잘 되다가, 어떤 날은 낑낑거리며 고생하는 날도 있다. 그래서 내 사주를 풀어 달력에다 일진을 적어 놓았다. 자, 축, 인, 묘, 진, 사, 오, 미…. 그래서 좋은 날만 수술 예약을 하고, 아닌 날은 예약을 잡지 않는다. 그런데 매일 배짱 튕기며 살 수는 없다. 하기 싫어도 해야 되고, 이 길이 아닌 줄 알면서 가야하는 게 인생이다. 그런 중에 요셉을 알게 되었다. 요셉 이야기야 어릴 때부터 듣긴 했지만….

요셉은 부잣집에서 태어났는데 두 번째 부인이 낳은 아들이었다. 열두 형제 중에 열한 번째였지만 아버지의 사랑을 독차지했다. 다른 형제들은 당연히 질투를 했고, 요셉을 죽여 버리기로 작정했다.

차마 자신들의 손으로 죽이지는 못하고, 사막의 웅덩이에 빠지게 했다가 사막을 횡단하는 이집트 노예 상인에게 팔아버린 것이다. 그리고 아버지에게는 피 묻은 옷을 보여주면서 사자에게 물려 죽었다고, 거짓말을 했다. 인생 하향곡선이다.

부잣집 아들이었다가 졸지에 노예 신세가 된 요셉. 그러나 아무도 원망하지 않고 현실에 충실했다. 훌륭한 노예가 된 것이다. 그리고 주인의 신임을 얻게 되어 그 집안 노예 중에서 가장 우두머리인 집사가 되었다. 그런대로 인생이 조금 풀리기 시작한 거라 할 수 있을 것이다.

그런데 안주인이 요셉에게 반해 끈질기게 유혹을 한다. 요셉이 주인을 배신할 수 없어 계속 거절하자, 부인은 소리를 지르며 자신의 옷을 찢는 등, 요셉을 모함한다. 주인은 요셉이 그럴 리 없을 거라고 생각하지만 부인의 체면을 세워줘야 하므로, 요셉에게 종신형을 내려 감옥에 가게 한다. 요셉은 얼마나 억울했을까. 인생의 최하향 저점이다.

그러나 요셉은 감옥생활을 충실히 했다. 그 세계에도 엄연히 규율과 질서는 있으니까. 간수들은 그런 요셉에게 감옥을 자유롭게 오갈 수 있는 약간의 자유를 허락했다.

그러다가 두 명의 죄인이 들어왔다. 왕의 시종으로 하나는 술을 빚는 자이고, 하나는 빵을 굽는 자였다. 어느 날 두 사람이 동시에 꿈을 꾸었다. 요셉은 빵을 굽는 자는 죽고, 술을 빚는 자는 살 거라며 그 꿈을 해몽해줬다.

요셉의 말대로 술을 빚는 자는 복직이 되었다. 요셉은 자신이 결백하다는 것을 왕에게 알려 달라고 그에게 부탁했지만, 술을 빚는 사람은 말하지 않았다. 살다보면 이런 사람 참 많다.

그러나 그 후 요셉은 아무도 해석하지 못하는 이집트 왕의 꿈 해몽을 잘해 이집트 국무총리가 된다. 인생 상향기이다. 꼭대기까지 올라간 것이다.

요셉은 일인지상 만인지하의 위치에 있으면서도 교만하지 않고, 능력을 발휘해 이집트 왕의 재산을 늘려주었다. 그러던 중에 자신을 죽이려고 했던 형들이 심한 가뭄 때문에 이집트에 식량을 사러 왔다. 앞에 있는 국무총리가 요셉인 줄은 꿈에도 모른 채.

요셉은 굶어 죽게 된 자기 형제들을 모두 용서하고 아버지를 모셔 오게 해서 비옥한 이집트 땅에 정착해 살게 했다. 해피엔딩이다!

개업하기 직전에 나는 이 성경 대목을 미국 하와이에서 읽었다. 막상 개업을 하려니 자신이 없어서 긴장하고 있는 내게 요셉 이야기는 큰 용기를 줬다. 인생이 상향곡선에 있건, 하향 최저점에 있건 자신이 처한 상황을 비관하지 않고 항상 성실하게 최선을 다해 생활했던 요셉을 본 것이다.

요셉 이야기를 읽은 날 밤 꿈속에서 내가 개업하려고 예약해 놓았던 건물이 보였다. 그 건물 간판에는 '요셉성형외과'라고 쓰여 있었다. 아침에 일어나자마자 한국으로 전화를 걸어 '이영주 성형외과'를 '요셉성형외과'로 바꾸라고 했다. 그래서 주위 사람 중에는 아직도 나를 "요셉아"라고 부르는 분들이 있다.

개업 준비

눈물이 피잉 돌았다. 요즘도 브래지어만 보면 장모님이 생각난다.

봉직의를 마치고 개업을 하게 되었다. 누구나 그렇겠지만 고민이 많았다. 봉직의를 하던 그 중소도시에서 할까. 대구 중심지로 갈까. 어떤 건물이 좋을까. 집세는 얼마일까. 인테리어는 어떻게 해야 하나. 근무하던 병원에서 직원을 데려가면 안 될까. 광고는 어떻게 할까. 나 잘 할 수 있을까.

그런데 심각한 문제는 다른 곳에 있었다. 부모님께서 부도 아닌 부도가 난 것이다. 어머니는 그동안 힘든 상황을 내내 숨기고 계셨다. 그리고 장남이자 외아들인 내가 사회에 첫 발을 디딜 무렵 어렵게 말씀하셨다. 그 동안 아들이 걱정할까 봐 말씀을 안 하셨단다.

자, 그렇다면 개업을 해서 잘 해야만 한다. 그냥 우리 가족만 달랑 잘 살 수 있으면 되는 게 아니라, 부모님께도 도움이 될 수 있게 외동 아들의 의무를 다할 수 있을 만큼 잘 해야 한다. 그런데 자신이 없다!

개업해서 빨리 일어서려면 봉직의를 하던 중소도시에서 하는 게 좋을 것 같았다. 그러나 한계가 있을 게 아닌가? 돈도 없는 주제에 '싸나이' 운운 하면서 일단 대구 시내로 나가기로 결정했다.

중심가로 가자니 권리금이 너무 많다. 그래서 외곽지를 알아보고 있었다. 그러던 중 수성구에 아주 저렴한 개업 장소가 나왔다. 지금 뒤돌아 봐도 적당한 위치였다. 아주 저렴한 임대료에다 권리금도 없었다. 그런데 그 자리는 나와 인연이 없었다.

그렇게 고민을 하며 동분서주하고 있는데 시골에서 장모님께서 올라오셨다. 중국집에서 자장면을 한 그릇씩 비운 후 장모님은 "수고가 많제?" 하시면서 나를 위로하셨다. 그리고 잠시 후 비장한 눈빛으로 오른손을 브래지어 안에 쓱 집어넣으시는 게 아닌가!

갑작스런 돌출 행동에 놀라 주위에 보는 사람이 없나 둘러보았다. 장모님의 브래지어 안에서 나온 것은 시골에 있는 과수원 땅을 팔아 급히 갖고 오신 수표였다.

"사위야! 기죽지 말고 이거 갖고 폼 나게 한번 해봐라! 그렇게 많이는 준비 못했다."

눈물이 피잉 돌았다. 요즘도 브래지어만 보면 장모님이 생각난다.

대구시 중심가 부동산 업자에게서 전화가 왔다. 권리금이 없는 자리가 있는데, 평수는 약 40평이고, 3층인데 약 1년 반 정도 비어 있었단다. 직접 가보니 괜찮은 위치인 것 같아 보였다. 그런데 왜 그렇게 오랜 기간 동안 비어 있었던 걸까? 일단 계약을 하고 인테리어를 시작했다.

풍수에 일가견이 있는 분을 만났다. 이런 저런 이야기를 하다가 내가 계약한 건물 이야기를 했다. 한번 가보잖다. 이리 저리 둘러보더니 난데없이 고개를 절레절레 흔들면서 이 자리가 '도깨비 터'란다. 도깨비? 그게 무슨 말이냐고 물으니, 웬만한 사람은 망하기 일쑤인데 기가 센 사람은 불같이 활활 탈 자리란다. 그러면 나는 기가 세단 말인가, 약하단 말인가?

공동 개원을 하게 된 이유

델 컴퓨터가 IBM을 앞선 이유는 아웃소싱이다.

카이스트 출신 천재 다섯 명이 모여 1년이 넘는 기간 동안 연구를 한 끝에 멋진 제품을 개발했다. 대기업보다도 6개월 정도 앞선 제품이라 지금 출시하면 그 수입이 엄청날 거라 짐작되었다.

그러나 그들은 마케팅이 부족했다. 그래서 마케팅 전문가가 합류하게 되었는데, 그들은 그 마케팅 전문가의 요구 조건이 너무 많다고 여겨졌다. 그래서 자신들이 마케팅 책을 읽고 직접 마케팅을 하기로 결정했다. 결과적으로 6개월이 지났고, 그들의 발명품은 다른 대기업에 추월당했다.

의사는 올라운드 플레이어가 되려고 한다. 외과의사인 경우 병원

위치 선정, 인테리어, 수술, 상담, 직원 관리, 병원 경영, 광고, 대인 관계, 이 모든 것을 혼자서 모두 다 잘하려고만 한다. 이렇게 되면 의사는 힘들어지고 마침내 추월당하고 만다.

각자에게는 다양한 능력이 있다. 수술을 특히 잘하는 능력과 상담을 잘하는 능력, 직원을 잘 따르게 하는 능력, 경영을 잘하는 능력.

우리는 혼자서 다 해야 한다는 생각을 버리고 아웃소싱을 줘야 하며, 그에 합당한 대가를 지불하면 된다. 그리고 모여야 한다, 그룹으로 해야 한다. 그러려면 혼자서 일했으니 혼자 다 가져야 한다는 생각을 버려야 한다. 그러다가 이 모든 것을 연결시켜주는 경영자가 되면 된다.

델 컴퓨터가 IBM을 앞선 이유는 아웃소싱이다. 변호사들의 로펌처럼 우수한 재능을 지닌 의사들을 스카우트하고 그들이 진료에 전념할 수 있도록 여건을 마련해 줘야 한다. 의사는 그에 합당한 수입을 올리고 대우를 받으면 된다.

어느 학교를 졸업했다가 브랜드가 아니라, 어느 그룹에 있었다는 것이 브랜드가 되도록 멋진 메디컬 그룹을 만들고 싶다.

동업은 절대 하지 마라

'상선약수', "최고의 선은 물과 같다"는 뜻이다.

사람들은 동업은 절대 하지 말라고 말한다. 친형제처럼 지내다가도 동업만 하면 십중팔구는 원수지간이 되어 헤어진다고. 그래서 의사들이 보는 책 중에 이런 제목도 있었다. 《동업은 절대 하지 마라》.

그런데 성형외과 전문의 네 명이 모여 'S성형외과'라는 이름으로 동업을 했었다. 외부인들이 보기에 아주 성공적인 동업이었다. 그러나 4년이 지나 에스 성형외과는 문을 닫았다. 그리고 그 중 세 명이 요셉성형외과라는 이름으로 다시 동업을 하게 되었다.

최 신부님께서 개업 선물로 주신 책 안에 짧은 당부의 글이 있었다. '상선약수'라는 말의 뜻을 음미하며 동업을 성공하라는. 이 네 글자에 동업을 성공시키는 비밀이 숨어 있다.

'상선약수上善若水'라는 말은 장자의 도덕경에 나오는 말인데 해석을 하면 "최고의 선은 물과 같다"는 뜻이다. 그 뜻을 풀어보면, 무릇 물은 만물을 이롭게 하고도 서로 다투지 않고 자신의 위치가 높아지면 스스로 아래로 임하고 크고 작은 허물을 골고루 덮어준다.

그래서 상선약수를 요셉성형외과 병원의 정신으로 삼았다.

성형내과

"인간의 질병은 이로 인한 배움을 주고자 하는 것이며,
이 배움을 익히고 나면 낫는 것이다."

"인간의 질병은 이로 인한 배움을 주고자 하는 것이며, 이 배움을 익히고 나면 낫는 것이다." 허준 선인과의 대화 중에서 수선재에서 이 글을 보고 감회가 깊었다. 이 글처럼 병이라는 것, 아프다는 것은 무언가를 가르치기 위한 하느님의 섭리인 것 같다.

내가 개원한 것은 지난 1999년도 11월이었다. 그리고 개원한 지 1년도 채 되기 전인 2000년 10월경에 우측 팔 상완 골절상을 입었다. 성형외과 전문의가 되기 위해 11년을 공부하고, 수련하고, 군복무 3년에 6개월간의 외국 연수. 빚을 잔뜩 진 채 집안의 모든 경제적 책임을 진 유일한 아들로서 개업을 한 그 시기에 오른팔을 다치게

되었다면 여러분은 어떤 심정이 들겠는가. 참으로 막막하기만 했다.

입원해 있는 동안 곰곰이 생각해 보았다. 만약 오른손을 못 쓰는 장애자가 된다면 의사라는 직업을 제외하고 나는 무엇을 해서 집안을 책임질까? 아무리 생각해봐도 오른팔 장애자로 돈을 벌 수 있는 일이 떠오르지 않았다. 그리고 내가 할 수 있는 유일한 것이 의사라는 것을 다시 깨닫게 되었다. 성형외과 의사이기 전에 내가 의사이지 않느냐고.

미용 수술을 하지 않더라도 수입을 창출할 수 있는 게 없을까? 궁리해보았다. 그 해답은 미용 수술로 얼굴 예쁘게 고치는 의사가 아니라 아픈 사람을 고치는 의사가 되는 것이었다. 그런데 아는 것이 많아야 한다는 선제조건이 있었다. 즉, 다시 공부를 해야 한다. 이전보다 더 많이, 더 깊이….

그래서 퇴원하고 병원에 출근해 제일 먼저 간 곳이 서점이었다. 그때부터 열심히 건강서적과 전문서적을 사다가 집으로 나르기 시작했다. 그리고 밤새 읽고, 좌충우돌의 시기를 겪었다.

성형외과니까 자연히 비만을 연구하게 되었는데 비만이라는 게 보통 어려운 게 아니었다. 모든 병의 결합체라고나 할까. 그리고 나름대로 현재 비만, 태반 클리닉을 열심히 운영 중이다. 그런데 진짜 우리 비만 클리닉은 간판 하나와 볼펜, 차트, 체중계, 팸플릿, 약 설명서, 그리고 소변검사 종이가 전부다. 다른 과 전공하시는 선배님들이 저희 병원으로 비만 클리닉을 견학을 하러 오시기도 한다.

"체지방 측정기는 무엇을 사용합니까?"

"없는데요."

"운동기구나 엔더몰로지 마사지 기계는 어디 있습니까?"

"없는데요."

"아니! 그러면 저 체중계 하나와 입으로만!"

그런데 입과 볼펜 한 자루로 하기에는 돈 벌기가 그리 쉬운 건 아니지 않나? 오실 때마다 다른 설명을 해줘야 하니 더 책을 많이 봐야 한다. 그러다보니 나는 자꾸 내과 의사처럼, 한의사처럼 되어 간다.

그래서 친구들이 나를 소개할 때 이렇게 말하곤 한다. '성형내과 의사'라고. 다른 의사 분들은 자꾸 성형외과 의사가 되고 싶어 하는데 나는 자꾸 다른 과 의사가 되고 싶어진다. 수입이 많은 의사보다 병을 낫게 해주는 의사, 환자 가족들의 오래된 주치의가 되고 싶다. 미용수술이 얼마나 스트레스인지 아직 잘 모르는 분들이 너무 많다.

행복하게 삽시다. 스트레스 없게. 그리고 오른팔 한번 쳐다보세요. 그게 밥줄입니다. 왼손으로 안마 한번 해주세요. 이게 마누라예요. 가까이 있는 제일 중요한 것인데 그 중요성을 잘 느끼지 못하는 존재. 저처럼 다치고 난 뒤 느끼지 말고 있을 때 잘해야 합니다.

미용성형과 증권회사

만족한 고객이 다시 투자를 하기 위해 증권회사에 찾아오는 것이라는 생각이 들어야
환하게 웃음을 지으며 맞이할 것이 아닌가.

　미용성형 상담을 할 때 의사가 가져야 하는 자세에 대해 생각해
보자. 일단 성형 상담을 하러 오신 분들을 증권회사에 투자를 하러
오신 고객이라 생각하자. 이런 설정이라면 당연히 의사나 상담 직원
은 증권회사 직원이다.

　의사는 고객들에게 어떠한 수술이 필요한가를 분석해 드려야 한다.
그분들이 알고 있는 것보다도 더욱 예리한 분석으로 고객들이 알지
못한 어떤 부분을 지적해 줘야 한다. 다른 곳에서는 말하지 않았던
부분을 말이다. 이미 인터넷이나 방송 매체 등으로 고객들은 많은
지식을 습득한 상태이다. 그러니 남들이 다 말하는 식상한 설명은

하지 않는 편이 좋다. 차별이 되어야 한다. 그리고 나열된 수술 중에 수술 후 가장 만족스러운 종류 몇 가지를 권한다. 무엇보다 비용 부담이 적으면서 변화가 확실한 수술을 권유해야 한다.

이 부분에서 상담하는 의사가 주의해야 할 점이 있다. 수입을 위해 불필요한 수술을 권유하는 것은 자살행위이다. 고객들은 처음에는 권유하는 대로 투자를 하지만 결과를 보고 신뢰를 할 것인지 판단한다. 결과가 만족스럽다면 그들은 주위의 친구들에게도 소개할 것이며 본인도 미뤘던 수술에 투자할 것이다.

성형외과 의사들 사이에 하는 농담이 있다. '무소식이 희소식이다.' 즉, 과거에 수술한 고객이 다시 병원을 방문하는 것은 수술에 대한 불만이 있기 때문이라고 생각한다. 이러한 생각을 바꿔야 한다. 만족한 고객이 다시 투자를 하기 위해 증권회사에 찾아오는 것이라는 생각이 들어야 환하게 웃음을 지으며 맞이할 것이 아닌가.

그러니 조금이라도 후회가 될 소지가 있는 수술은 처음부터 권유를 말아야 한다. 후회할 수술이란 두 가지 종류이다. 그 고객에게 불필요한 수술인 경우와 의사가 자신이 없는 수술이다.

그러니 의사가 가져야 하는 자세는 첫째, 눈앞의 수입에 연연하지 말 것이며 둘째, 자신 있는 수술을 많이 익혀야 한다는 것이다.

성형 상담은 설득하는 작업이다. 상담실이라는 공간에서 약 20분

남짓한 시간 동안 투자를 결정하도록 설득해야 한다. 어떤 요소들이 고객의 마음을 움직여 병원을 선택하게 할까? 증권회사 고객들은 어떤 경우에 투자를 하겠다는 느낌이 들까?

첫 번째, 무엇보다도 투자 후에 이득이 있다는 확신이 서야 한다. 즉, 아름다워질 수 있다는 확신 말이다. 자연스러우면서도 무언가 예뻐졌다는 느낌이 들도록 말이다. 가장 중요한 것은 그 고객 주위 사람들이 이득을 보았다는 것을 자신의 눈으로 확인한 경우이다. 그러니 실패한 고객의 수를 되도록 줄여야 한다.

두 번째, 마음고생이 없어야 한다. 즉, 수술 중이나 수술 후에 고통이 없어야 한다. 아프다는 것이 얼마나 큰 두려움인지 잘 알아야 한다. 예뻐지기 위해 어느 정도의 아픔은 감수해야 한다는 것은 '옛말'이다. 모든 수단을 동원해서라도 아프지 않아야 한다.

세 번째, 수익이 돌아오는 기간이 단기간일수록 좋다. 즉, 회복기간이 짧아야 한다. 어떤 큰 수술을 했다고 하더라도 일주일 안에 사회생활에 복귀하도록 해줘야 한다. 이 세 번째 요소 '회복이 빨라야 한다'는 것이 이제는 가장 중요한 요소가 될 것이다.

회복이 빠르게 되기 위해서 무엇이 필요한가? 이전에 행해왔던 치료법 이외에 소홀히 했던 것은 무엇일까? 미용성형수술은 다쳐서 하는 것이 아니다. 멀쩡한 상태인 몸을 다치게 하는 것이다.

회복을 빠르게 하기 위해 이전에 우리가 관심을 기울인 것은 무엇인가? 수술 중에 출혈이 적도록 해야 하고, 수술시간을 단축해야 하고, 수술 후에 얼음찜질을 열심히 하고, 수술 부위를 심장보다 높게 위치하게 한다. 호박 달인 물을 많이 마시게 한다는 등등…. 이런 방법들이 부종과 멍을 빨리 없애는 기존의 방법들이다. 즉, 회복기간을 단축하는 방법이었다.

그렇다면 우리가 소홀히 했던 부분은 무엇인가? 우리가 관심을 기울이지 않았던 부분은 바로 '수술하기 전'이다. 수술 전에 무엇인가를 해야 했었다. 단지 환자가 관리해야 한다거나, 아스피린을 먹지 말라는 등, 주의를 요하는 것 뿐만이 아니라 궁극적인 치료법을 적용해야 한다. 수술을 받기 적합한 인체를 만들어 수술해야 한다.

수술을 앞 둔 인체에 민방위훈련을 해야 한다는 점이다. 지진이 많은 일본은 웬만한 큰 지진에도 피해가 적다. 그러나 큰 규모의 지진을 경험해 보지 못한 한국에 지진이 일어난다면 그 피해는 불 보듯 뻔할 것이다.

수술하기 전에 인체에게 다칠 것이라는 긴장감을 알려줘야 한다. 뇌가 느끼는 정신적 긴장감이 아니라 육체적으로 긴장감을 느끼도록 하는 방법은 두 가지가 있다. 수술 하루 전에 맞는 자가혈 주사와 '신애크'라는 약을 복용하는 방법.

삼국지

어머니는 딸내미 눈이 크고 예쁘니 수술하지 말라고 말린다.
그러나 자식을 이기는 부모는 없지 않은가.

성형 상담은 첫인상이 굉장히 중요하다. 물론 환자 입장에서는 의사에 대한 첫인상이 중요하겠지만, 의사도 마찬가지다.

상담실 문이 열리고 20대 초반 아가씨와 50대 중반 어머니가 들어온다. 쌍꺼풀 상담을 하러 왔단다. 이때 느껴지는 첫인상은 상담에 어떤 영향을 미치는가?

어머니는 무언가가 못마땅한 표정이다. 마지못해 딸내미에게 질질 끌려 다녀서 피곤한 표정이다. 반면 철부지 딸은 두 눈이 초롱초롱하다. 어머니보다는 나에게 더 가까이 다가와서 앉는다. 쌍꺼풀 수술이 무척 하고 싶은 것처럼 보인다.

이쯤 되면 이런 추리가 가능하다. 딸내미가 쌍꺼풀 해달라고 조르고 졸라 어머니를 못살게 군 끝에 기어이 상담을 하러 왔다. 그리고 한 병원이 아니라 이곳저곳 여러 병원에 가본다.

상담이 바로 될 리가 있나. 한참 기다리다 상담 한 5분 하고 친구한테 폰으로 상황을 보고한다. 기대에 부풀어 다른 병원을 추천 받아서 또 간다. 찡그린 엄마에겐 시선을 되도록 주지 않는다. 기회는 이때 뿐이다.

어머니는 딸내미 눈이 크고 예쁘니 수술하지 말라고 말린다. 그러나 자식을 이기는 부모는 없지 않은가. 이리저리 끌려 다녀서 피곤하다. 마누라 쇼핑한다고 백화점 구석구석 돌아다닐 때, 그 뒤를 갓난아이 안고 질질 끌려다니는 남편들처럼…. 이런 경우 상담에는 삼국지가 필요하다. 돈을 가진 자는 어머니다. 수술을 할 사람은 딸이다. 나는 누구의 편에 서야 하는가?

첫 번째, 딸의 편에 선다고 가정해 보자. 대부분의 상담 의사는 그럴 것이다. 딸의 편에 서서 "쌍꺼풀 하면은 예뻐질 것 같다"라고 맞장구를 쳐주고, 어머니에게는 "딸이 이렇게 원하니 수술시켜 주세요. 자연스럽게 쌍꺼풀 만들어 드릴게요"라고 설득한다. 이런 상황은 다른 병원에서 상담한 것과 아마도 똑같을 것이다.

그런데 여기서 중요한 점은 딸은 쌍꺼풀을 하고 싶다고는 하나,

반드시 내 병원에서 한다는 보장이 없지 않는가! 딸과 의사는 한편이 되어 있고 반대편에 경제력을 가진 어머니와 대치된 삼국지, 해결될 기미가 보이지 않는다.

두 번째, 엉뚱하지만 어머니 편에 선다고 생각해 보자. 아가씨 눈을 자세히 보고 나서 고개를 절레절레 흔든다. 그리고 단호하게 이렇게 말한다. "우리 아가씨는 쌍꺼풀 안 해도 예쁜 눈인데, 굳이 수술 왜 하려고 그래?"

그러고는 어머니 얼굴을 쳐다본다. '그렇지 않아요?' 하는 표정으로. 그러면 어머니의 찡그린 얼굴이 내 말을 듣는 순간 화악 펴지면서 무슨 산삼을 발견한 것처럼 눈도 커진다.

"맞아요, 원장님. 우리 딸 눈이 얼마나 예쁩니꺼. 내가 하지 말라고 그렇게 말려도 기어코 한다고 고집부리는 통에 오늘 하루 종일 성형외과 돌아다니고 있었심더. 이렇게 훌륭한 원장님 만나게 되어 정말 반갑심더 예~."

반면 딸은 울상이다. 다른 병원 원장님들은 다 하라고 하던데. 왜 하지 말라고 하냐고. 엄마를 겨우 겨우 설득해서 수술 하려고 하는데 왜 찬물을 붓느냐는 듯 짜증을 팍팍 내면서 자기는 꼭 해야 한다고 우기기 시작한다. 의기양양해진 우리 어머니, 원장에게 연신 미소를 지으며 '존경합니다' 하는 표정을 짓는다. 그리고 딸에게는 엄한 표정으로 한 발 쏜다.

"이것아, 전문의 말 좀 들어라. 유명한 전문의가 하지 말라 하면 안 해야 된다. 내가 보니 시내에서 이 분이 제일 명의名醫같다. 명의! 쌍꺼풀 안 해도 우리 딸 이쁘지예~원장님!" 마지막 굳히기에 들어간 어머니는 몹시 흐뭇해 한다.

그런데 내가 어머니 기분 좋으라꼬 비싼 시내에서 병원 차려 놓고 있는 것은 아니지 않는가! 나도 집세 내고 직원들 월급 줘야지. 이 분위기에서 삼국지는 편을 바꿔야 한다.

울상이 된 딸의 얼굴을 다시 유심히 보는 척한다. 얼굴을 이리 돌리고 저리 돌리면서 얼굴 전체를 살핀다. 그리고는 나의 히든 카드를 꺼낸다.

"예 어머니, 눈은 안 해도 너무 예쁜데⋯. 따님 얼굴에서 코를 약간 세워주는 게 좋을 것 같네요."

아니, 이게 무슨 청천벽력이란 말인가! 삼국지의 판도가 바뀐다. 나의 말을 듣는 순간 상담실은 정적이 흐른다. 무언가에 머리를 심하게 부딪친 듯, 띠~잉.

울상이던 딸은 갑자기 무언가 광명을 찾은 듯 두 눈이 커지면서 환호한다. 눈이 아니라면 코라도 해야 한다. 코도 진작 하고 싶었는데, 쌍꺼풀도 안 해줄라꼬 하는데 코 세우는 것은 어림도 없었다.

갑자기 아군을 잃어버린 어머니. 무언가에 홀린 듯 반대편에 서 있는 명의를 쳐다보면서 다 기어들어가는 목소리로 말한다.

"원장님예~ 눈은 안 해도 되는데, 코는 해야 되겠습니꺼?"

다시 자기편으로 오라는 듯 애원하는 눈빛이다. 갑자기 원군을 얻은 딸은 의기양양하다. 곧바로 엄마에게 반격한다.

"전문의 말 좀 들어라. 아까 엄마가 명의라 말 안 했나! 내는 눈은 안 하더라도 코는 꼭 할끼다! 내는 여기서 오늘 끝장을 봐야 나간다."

기가 죽은 어머니에게 나는 이렇게 설명한다.

"어머니, 성형수술은 크게 두 가지로 나눌 수 있습니다. 원상복귀가 가능한 수술과 그렇지 못한 수술입니다. 쌍꺼풀 수술은 원상복귀가 힘듭니다. 그렇지만 보형물로 코 세우는 수술은 원상복귀가 될 수 있습니다. 그러니 안심하셔도 됩니다."

몇 번씩이나 수술 잘해야 한다는 다짐을 받고 어머니와 딸은 수술 예약을 잡고 갔다.

얼마 뒤, 그 아가씨 수술하러 수술실에 들어가는데 어머니가 나를 보자고 한다. 그리고 이렇게 말씀하신다.

"원장님, 바쁘시겠지만 하는 김에 눈도 같이 해주이소. 원장님만 믿겠습니다. 우리 명의 아니십니꺼?"

"예, 어머니 걱정하지 마십시오. 최선을 다해서 자연스럽고 예쁘게 수술하겠습니다."

수술은 순조롭게 진행되었다. 그리고 어머니와 딸은 만족스럽게 지내고 있다.

현재의 의료시장은 의사가 환자를 선택하는 것이 아니라 환자가 의사를 선택하는 상황이다. 우리는 선택을 받기 위해서 공부도 열심히 하고 좋은 위치에 병원을 차리고 액자도 많이 붙여놓고 고급스럽게 인테리어도 하고 아주 친절하게 대한다. 그런데 정작 선택하는 데 있어 가장 중요한 점은 전혀 엉뚱한 데 있는 경우도 많다.

설득의 심리학

꽃 한 송이를 줌으로써 '빚진 감정'을 유발시킨다.
그 보험 베테랑이 나에게 처음으로 접근을 하던 그 설득의 기술처럼….

.

1.

개업을 한 지 얼마 되지 않았을 때 보험회사 분들이 엄청 많이 오셨다. 이 분들의 접근 방법을 우리는 눈여겨 볼만하다.

여성 보험설계사 한 분이 병원을 방문했다. 소개 받아온 분이 아니라 생면부지이다. 전국 베스트 10위 안에 있는 분이라고 한다. 아주 화려한 꽃바구니를 거의 작품 수준으로 만들어 온다.

그러면 접수대에 있는 여직원들이 꽃바구니를 보고 감탄을 연발한다. 일단 접수대 아가씨들을 넋이 나가게 한 다음, 원장님을 만나 뵙고 싶다고 청한다.

여직원이 원장에게 말하자 원장은 '보험!'이라며 안 보겠다고 한다. 그런데 평소 같으면 '예' 하고 나가는 여직원이 말끝을 흐린다.

"너무 근사한, 그리고 비싼 꽃바구니를 가져 왔던데요. 성의를 봐서 한 번 만나시는 게…"

벌써 여직원은 넘어갔다. 이것이 첫인상을 강하게 각인시키는 방법이다. 시시한 선물이 아니라 남들이 봐도 감탄스러운 멋진 선물은 그 사람을 더욱 값어치 있어 보이게 한다.

"들어오시라고 해라. 보험 이미 많이 들었다고 하지 뭐!"

방어태세를 굳건히 하고 만난다.

"안녕하세요! 원장님~!"

보험설계사가 밝게 인사하면서 자리에 앉더니 이렇게 말한다.

'저는 원장님께 보험 들으라고 온 게 아닙니다.' 무장해제를 시키는 발언이다. '저의 고객들은 아주 상류층이 많습니다.' 자기를 과시한다. '그 분들 중에 성형하실 분들이 많습니다. 저는 보험으로 인연을 맺었지만, 이 인연을 평생의 인연으로 생각합니다. 사소한 일에도 소홀히 하지 않습니다.' 한 번 고객은 평생 고객으로 모신다는 자랑이다. '그 분에게 소개시켜 드릴 실력 좋은 성형외과 전문의 원장님을 찾아왔습니다.' 내가 유명하다며 비행기를 태운다.

계속 이어지는 말은 '앞으로 제가 고객 분들을 모시고 오면, 원장님은 저를 그냥 아는 척만 해주시면 됩니다.' 좋다. 뭐 별로 해가 될 것도 없네!

며칠 뒤부터 병원을 들락날락하기 시작한다. 병원 직원들에게 큰소리로 인사를 하면서 거의 자기 집처럼 휘젓고 다닌다. 따라온 고객들은 주눅이 들어 고분고분하다.

그러다 몇 분이 수술하게 된다.

그렇게 몇 달 동안 환자분을 자주 모시고 오다가 어느 날 홀연히 혼자 온다. 이번에는 자신이 상담을 하겠다고 하면서 드디어 본론을 얘기한다.

"원장님! 저 좀 도와주세요. 남편은 집에서 놀고, 자식들 대학교 제가 다 보내는데, 이번 달에는 한 건도 못 했습니다. 한 000원짜리 하나 들어 주세요!"

자신의 목표는 원래 00인데 미리 크게 부른다. 그러면 원장은 '그동안 한 걸 보면 한 건은 가입해 줘야겠는데'라며 고민을 한다. 000은 너무 많고 한 00정도로 하는 게 좋을 것 같다. 그래서 결국 00을 가입하게 된다.

인생사 모두 인간관계로 풀어나가는 것이고 설득을 해야 하는 경우가 많다. 설득의 심리학에 나오는 글은 다음과 같다.

"상대로 하여금 빚진 감정을 유발하라! 그러면 상대는 아무리 사소한 것이라도 반드시 그것을 보답하려는 마음을 갖게 된다."

2.

미국의 한 도시, 거리에 점잖은 신사 한 분이 지나간다. 두 명의 보이스카우트 복장을 한 어린이가 그 신사에게 접근한다.

"아저씨, 보이스카우트인데요. 보이스카우트 후원 사업으로 이번 주 토요일 서커스 공연을 하는데 표 한 장만 사 주세요."

"얼만데?"

"20달러요." '헉, 비싸네. '

"미안! 나는 서커스 별로 안 좋아 한단다."

실망한 표정의 두 어린이. 신사는 약간 미안한 감정이 생기지만 걸음을 재촉한다. '20달러는 너무 비싸잖아' 하면서. 그런데 그 두 어린이가 다시 달려와서 말한다.

"아저씨, 그러면 여기 후원용 캔디라도 하나 사 주세요."

"얼만데?"

"하나에 5달러요."

"그래, 두 개 다오." 캔디라도 하나 사줘야겠다. 나도 어릴 때 보이스카우트 출신인데 뭐!

그리고 토요일, 그 신사는 우연히 서커스가 열린다고 했던 공터를 지나가게 되었다. 그런데 서커스는 없었다. 즉, 애초부터 서커스는 없었던 것이다. 단지 캔디 하나를 5달러에 팔기 위한 심리전일 뿐.

"원장님처럼 돈 많이 버시는 분은 000만원짜리 정도 보험은 들어야 하지 않겠어요?"

보험 아줌마가 이렇게 말하고 난 뒤 00만원짜리 보험을 들도록 하는 설득의 기술을 여기서도 엿볼 수 있을 것이다.

3.

인도에 동냥을 주로 하는 종교 단체가 있었다. 그런데 이 종교 단체는 머리를 빡빡 밀고 옷도 이상한 색깔에 북을 치면서 동냥을 하니 무서워서 사람들이 가까이 가질 못한다. 종교 단체의 수입이 급격히 떨어졌다. 그런데 그 이상한 복장이며, 화장, 북소리에는 다 종교적인 의미가 있으므로 없앨 수가 없었다.

수뇌부들이 긴급회의를 열게 되었다. 그 중에 심리학의 대가 한 명이 있었다.

인도 공항에 금방 도착한 관광객에게 적선 그릇을 내밀지 않고, "웰컴! 인디아!"라고 하면서 꽃 한 송이를 건넨다.

이상한 복장을 한 사람이 다가오는 게 무섭긴 했지만 반갑다고 꽃을 주니 고맙게 받고 지나가는데, 그 앞에 홀연히 동냥 그릇이 세워져 있다. 그리고 그 속을 반쯤 채운 1달러 짜리 지폐들이 눈에 띈다.

꽃을 받아 든 모든 관광객들은 돈을 내라고 한 것도 아닌데 자동적으로 1달러짜리 지폐를 그릇에 넣는다. 관광객들은 금방 도착해 짐이 많다. 그런데 꽃을 손에 들고 가자니 조금 귀찮다. 그래도 보는 데서 꽃을 버릴 수도 없는 어정쩡한 상황. 그런데 복도 모서리를 도니 꽃들이 수북이 담겨진 깨끗한 휴지통이 보인다. 관광객들은 자동으로 꽃을 그 휴지통에 버린다.

도착한 관광객이 다 나가고 공항이 조용해지면, 누군가 휴지통에서 꽃을 반만 수거해 간다. 그리고 동냥 통에서 돈을 반만 수거한다. 꽃 한 송이를 줌으로써 '빚진 감정'을 유발시키는 것이다. 그 보험 베테랑이 나에게 처음으로 접근을 하던 그 설득의 기술처럼.

어느 치과의 서비스 정신

그날 우리 간호사들 수술 끝나고 한 시간 동안 팔 안마, 실~컷 해드렸다.
그날 이후로 수술실에서 둘리는 사라졌다.

.

치과에 치료 받으러 갔는데 항상 치료받던 방에 환자가 있어서 다른 방으로 들어가 잠시 기다리고 있던 중이다. 호기심 많은 이영주, 이리저리 둘러보니 어린애 장난감이 눈에 띄었다. 고무로 만든 기차 모양인데 누르니 삑! 삑! 소리가 났다.

'저게 여기 왜 있지?' 물론 어린애들 치료할 때 사용한다고 생각하면 그만인데, 위생사가 들어오기에 물어보았다.

"저기 질문요!"

"원장님은 참 궁금하신 것도 많네요."

"저 물건, 뭐에 쓰는 물건입니까?"

그러자 씨익 웃으며 내 손에 쥐어주더니 눌러보란다. 삑!삑! 치과 치료 중에 아프면 눌러서 신호를 보내라는 세심한 배려다. 새로운 거 하나 알았네! 흐뭇하다.

그래서 치과 나오자마자 '아가방'으로 달려가 둘리 인형 모양의 삑삑이를 하나 사서 우리 병원으로 돌아왔다. 그리고 간호사들을 모아놓고 이러저러할 때 쓸 물건이라고 설명했다.

간호사들이 "역시 우리 원장님 대단해" 하며 감탄을 해 우쭐해졌다. 그리고 그날 예약한 환자부터 실시하기로 했다. 수술하기로 한 첫 아가씨가 수술방에 들어가기 전부터 떨고 있었다.

"어젯밤에도 한 숨도 못 잤어요."

"수술할 때 처음부터 끝까지 재워줄 수 없으신지."

이런 부류는 수술할 때 하이 소프라노로 비명을 질러대서 밖에서 수술 대기 중인 분들을 완전히 초죽음이 되게 만든다. 그래도 우리는 이런 분들에게 항상 친절해야 한다. 우리가 조금이라도 짜증을 내게 되어 "나 수술 안 해!" 하면서 나가버리게 되면 큰일이다.

삑삑이를 손에 쥐어주고 달래느라 속에서 천불이 나는 걸 억지로 참으며 수술을 시작했다. 그런데 미처 손도 대기도 전에 '삑! 삑!' 한다.

"환자분 아프세요?"

"아뇨~ 그냥 무서워요."

진정시키고 달래어 또 수술하려고 하면 삑!삑!삑! 그러기를 10여 차례. 나는 그만 인내의 한계점에 도달하고 말았다.

"야! 이 간호사, 뺏어라! 이거 원 시꺼러버서 수술하겠나, 엉!"

그리고 '가만히 있어!' 후다닥 수술을 끝냈다. '내 다시는 저런 사람 수술 하나 봐라.' 그 순간, 간호사가 문을 열면서 하는 말,

"다음 수술하실 분 삑삑이 손에 쥐어 줄까요? 말까요?"

한 번 쓰고 안 하려니 어째 좀 아쉽다. 첫 뜻은 얼마나 숭고했는데, 그래서 한 번 더 해보자 했다. 준비가 다 됐다고 해서 수술실에 들어가 보니 다음 환자가 벌써 이빨을 '다다다' 거리면서 거의 경련 수준이다. 물론 진정제를 주고 무통 마취를 할 터이지만….

그런데 그 환자는 예상 외로 수술 끝날 때까지 단 한 번도 삑삑이 소리를 내지 않았다. 얼마나 기특하던지…. 그래서 수술 중에 불편한 게 없더냐고 아주 친절하게 물었다. 그랬더니 그 환자가 하는 말,

"불편하면 장난감 눌러라 해서 수십 번 눌렀는데 소리는 안 나고, 누르다가 팔이 거의 마비 된 것 같아요~ 히~ 잉~ 흑흑."

그래서 수술포를 걷어보니, 아니! 둘리 장난감 목이 떨어져 있네. 그날 우리 간호사들, 수술 끝나고 한 시간 동안 팔 안마 실컷 해드렸다. 그날 이후로 수술실에서 둘리는 사라졌다.

오링 테스트

체질이나 식품을 테스트 한다는 얘기는 들어 봤지만
미래까지 테스트를 한다니 신기하다.

공중보건의 시절 내게 수술을 받은 중년 여자분에 관한 이야기이다.
한 여자분이 성형외과 외래 문을 살짝 열고 목만 쑥 들이민 채 이리
저리 둘러보고 있었다. 그때 외래 간호사는 응급실에 간 상태라 혼
자였다. 그래서 먼저 물어보았다.

"성형외과에 상담하러 오셨습니까?"

그러나 대답은 하지 않고 나를 아래위로 훑어보더니,

"성형외과 과장님 계십니까?"라고 묻는다.

내 참 기가 막혀서. 과장을 면전에 두고 말이다.

"전데요?"라고 말했더니, 대뜸 하는 말이,

"다른 분은 안 계신지요?"라고 응수한다.

"○○병원 성형외과 과장은 저 하나뿐입니다."

그 사모님 옷차림을 보니 시골에 사는 분은 아닌 것 같다. 밍크코트에 손가락에 보석반지를 여러 개 한 것이 꽤 잘 사는 집 사모님 같은데 어째 눈빛이 좀 매서워 찬바람이 싹 도는 느낌이랄까? 우여곡절 끝에 상담실에서 그 분과 마주앉았다.

"어느 부위를 상담하시고 싶으신지요?"

그런데 이 사모님이 말은 안 하고, 너 한 번 맞춰 보란 듯이 내 얼굴만 빤히 쳐다보고 있다. 그 사모님 마음은 이러했을 것이다. 내 얼굴이 좀 수수하게 생겨서 성형외과 의사 같은 얼굴도 아니고, 게다가 그 당시 너무 어려 보여서 믿음도 안 가는 상태였을 거라고 짐작이 된다. 그래도 온 김에 마지못해 상담이나 한 번 받고 가려는 듯한 Feeling! 이런 경우 선제공격에 나서는 것이 최선이다.

"사모님! 예전에 코 수술 하셨죠. 코가 현재 삐뚤어져 있는데 여자 코는 남편이라, 아주머니 코가 삐뚤게 되어 있으니 남편 사업이 잘 될 리 있겠습니까? 코를 좀 고쳐야겠는데요!"

이렇게 관상 이야기를 꺼내면서 이러니 남편 사업이 안 된다고 점쟁이처럼 한 판 퍼부어대고 나니, 그 사모님 갑자기눈이 커지면서 놀라는 표정이다. 일단 기선 제압에 성공했다는 느낌이 들었다. 이

어지는 사모님 말인 즉,

"사실 제가 코를 재수술하려고 왔습니다. 약 5년 전에 대구 시내에서 제일 유명한 분께 받았는데, 똑바로 하실 자신은 있는지요?"

즉, 못미덥다는 말이다.

"아주머니와 제가 궁합만 맞는다면 성공하겠지요!"

"궁합요?"

"네, 생년월일시 한번 불러 보세요."

이 정도 하면 대부분의 사람들은 재밌다는 표정을 짓는다.

"그런 것도 볼 줄 아세요?"

그런데 이 사모님은 진지한 표정으로 눈을 딱 감고 뭔가 중얼거리더니, 눈을 싹 뜨면서 결심했다는 표정으로,

"선생님, 언제 수술할 수 있나요?" 한다.

수술 스케줄 달력 공책을 펼쳐보면서, 요일별로 자축인묘… 적어 놓고, 하루는 수술하고, 나쁜 날은 수술 안 하고… 살펴보았다.

"내일이 길일이라 스케줄이 꽉 찼고…."

하니, 갑자기 자기도 내일 꼭 해야 한다고 사정사정한다. 그래서 스케줄을 조절해 전화를 드리겠다 하고 집에 가서 기다리시라 했다.

그런데 마침 한 분이 수술을 연기하게 되어 다음 날 수술을 하게 됐다. 다음 날 수술실, 수술대에 누워 있던 그 분에게 무통 마취를 하

려고 하는데,

"잠깐만요. 죄송합니다만, 선생님! 수술 전에 선생님 사주 좀 불러 주세요"라고 말하는 게 아닌가?

그 순간, '이 사모님이 역학 공부를 좀 한 분이구나' 하고 느꼈다.

"몇 년 뱀띠 음력 모월 모일 모시 생입니다."

그랬더니 이 분 왼손을 쑥 빼서 손가락을 막 돌리더니,

"예, 이제 수술해 주세요"라고 말하는 거다. 옆에서 지켜보고 있던 간호사도 순간 어리둥절해 한다.

수술이 끝나고, 며칠 흘러 어느 정도 친해지고 수술 결과도 좋아진 걸 느낄 무렵, 이 미스터리 사모님의 비밀은 무엇일까 궁금해 물어보니, 드디어 자신의 이야기를 털어 놓았다.

그 사모님의 남편은 건설 회사를 하셨는데 약 4년 전 부도가 났다. 그때가 코 수술을 받은 시기와 비슷하다고 한다. 진짜 여자의 코가 남편을 의미하는 걸까?

그리고 외곽지로 내려와 지내면서 철학 선생님에게 약 3년간 공부를 했다고 한다. 그러고 나서 이제 철학관 간판을 걸고 개업하려고 준비 중이라고 했다.

아니, 그러면 나를 어떻게 알고 왔는가? 그 공부를 가르치신 스승님이란 분이 개업하기 전에 말씀을 하셨다.

"먼저 코를 바르게 고치고 나서 해라."

그 사모님은 새 출발하는 데 돈이 많이 들어도 좋다는 심정으로 '가장 잘하는 데 가서 해야지' 마음을 먹고 서울 강남 일대의 성형외과를 고르던 중이었다. 그래도 일단 그 스승님한테 여쭈어 보았다.

"어느 병원에 가서 하는 것이 좋을까요?"

그랬더니 그 스승님은 마음에 두고 있는 병원 이름을 모두 적어 자기 앞에 펼쳐놓으라 했단다. 그래서 이때껏 조사한 병원 이름을 죄다 적었다. 그러다가 마지막에 요즘 자기가 사는 도시의 ○○병원이라는 곳에 성형수술 잘하는 젊은 선생이 왔는데 손님이 굉장히 많다는 소문을 들었던 기억이 문득 생각났다. 그래서 ○○병원이라고 하나 더 적었다.

그 스승님은 병원 이름 위로 수맥탐사 할 때 이용하는 '펜둘룸'이라는 추를 들고 천천히 손을 움직였다. 그런데, 어라! 내가 있는 ○○병원이라는 글 위에서 뱅뱅 도는 게 아닌가! 서울에라도 수술하러 가라면 갈 생각이었는데, 대구 시내도 아니고 시골에서 수술을 받으란 말인가!

그래서 하는 수 없이 내가 근무하는 병원에 와 봤단다. 그런데 과장이라는 의사가 너무 어려보이고 인물도 성형외과 의사처럼 세련되어 보이지도 않아 망설이고 있는데 대뜸 코가 남편이고, 궁합이 맞아야 하고, 내일이 길일이고 하면서 도사처럼 행세하니 그제야 안심이 되어 수술을 결심했었다는 것이다.

아, 참! 오링 테스트 이야기인데, 다른 이야기만 수북이 했다. 수술 후 한 달이 지난 뒤에 그 사모님한테서 개업했다는 연락이 왔다. 그리고 언제 한번 시간을 내어 자기 가게로 놀러 오란다. 나는 호기심이 발동되어 며칠 뒤 냉큼 달려가 보았다.

"주로 무엇으로 점을 치십니까?"

물었더니 그 대답인 즉,

"오링으로 합니다."

오~링! 오링으로 앞일을 예측한다니! 체질이나 식품을 테스트 한다는 얘기는 들어 봤지만 미래까지 테스트를 한다니 신기하다. 테스트를 하기 위해 내어 놓은 것은 가로 세로가 3×7cm 되는 크기의 흰 종이였다. 두께는 그냥 복사용지 정도인데, 이걸로 무얼 하려나?

"과장님, 이때껏 사시면서 가장 도움이 되셨던 분과 가장 힘들게 했던 분 이름을 적어보세요. 그리고 부모님과 친척 그리고 사모님은 제외입니다."

순간 떠오르는 수많은 얼굴들 중에서 세 명의 이름을 적었다. 그리고 나도 모르고 그 사모님도 모르게 종이를 뒤집어 이리저리 섞었다. 그렇게 한 후 허리를 반듯하게 세우고 오른 손바닥 위에 그 종이

한 장을 뒤집어 올려놓았다. 그리고 왼손은 엄지와 검지 끝을 붙여 링을 만들었다. 사모님이 링 안에 손가락을 넣고 벌리기 시작했다.

"자~ 과장님. 손가락 안 벌어지게 힘주세요!"

'에잇~~~!' 팔씨름 하듯이 힘을 주니, 약간 벌어지다가 만다.

"이 분은 과장님께 70% 도움 주는 분."

그 다음은 힘껏 힘을 주려는 데도 손가락이 확 열린다.

"이 분한테는 근처에도 가지 마세요."

다음은 손가락이 벌어지지 않았다.

"이 분이 과장님께 많은 도움을 주실 분입니다."

그런데 그 종이들을 돌려보니 아니, 이럴 수가! 어쩜 그렇게 딱 맞을까? 가장 원수라고 여기고 적은 녀석은 내 돈을 떼먹고 신용불량자 직전으로 몰고 갔던 녀석이다.

그리고 나에게 많은 도움을 주신 분은 모 성형외과 선배님이셨다. 어려운 환자로 고민할 때면 항상 척척 해결해 주시고 걱정을 덜어주셨던 선배다. 또 70%는 어릴 적부터 알고 지내는 친구 녀석이었다.

그 다음으로 미래를 한 번 알아보고 싶어졌다. 그 당시 나는 공중보건의였는데, IMF이고 집안은 형편이 좋지 않고 수련 받았던 대학병원에서는 연구 강사로 들어오라고 하고, ○○병원에서는 몇 년 더 있으라 하니 현실에 안주하고 싶은 생각이 들어 망설이는 중이었다.

그래서 이렇게 세 가지를 적었다. 1.교수 2.봉직의 3.개원

그리고 종이를 덮은 채로 오른 손바닥 위에 놓고 눈을 감고 정신을 집중하면서 왼 손가락에 힘을 줬다. 결론은 가장 손가락이 벌어지지 않는 것은 개원, 가장 쫘악 벌어지는 것은 교수였다.

지금도 생각해 봐도 신기한데 그 사모님 말씀이,

"이것은 저의 능력이 아니라, 선생님의 능력입니다." 하는 거다.

"나에게 그런 능력이?"

그런데 오른손 바닥에 있는 종이가 불 위에 얹어놓은 오징어처럼 불룩하게 튀어 오르듯 말려진다. 많이 말려질수록 왼손도 안 벌어진다. 그리고 오른 손바닥에서 열기가 느껴지면서 화끈거리는 느낌이 든다. 굽어진 그 종이를 돌려 다시 테스트 하니 역으로 굽어진다. 오징어 굽히는 것과 같은 모습과 같다. 야, 신기하네!

그날 밤, 우리 마누라 왼쪽 손가락 퉁퉁 부었습니다!

마누라 : 제발 이상한 것 보고 와서 실험 좀 그만 해라. 아이고 아파라.

나 : 부인! 그러지 말고 한 번만 더 해 봅시다.

마누라 : 안 돼!

그거 아무나 하는 것은 아닌가 보네? 그러니 그걸로 돈을 받지.

은행나무 침대

그 순간 복도 구석에 비닐에 덮여 'ㄷ'자로 꺾어진 노란색 내 수술 침대가 눈에 들어왔다.

물건에도 영靈이 있는 것일까?

이 이야기는 수술 침대에 관한 것이다.

1999년 11월, 빨간 선물의 집 3층에 '요셉성형외과'라는 간판을 걸었다. 마침 성형외과 선배님 중에 병원을 폐업하고 종합병원으로 들어가시는 분이 계셨다. 나는 병원 기자재를 중고로 사겠다고 했다. 작은 수술용 가위부터 수술포, 쓰레기통, 수술대 등 싹 쓸어서 가지고 왔다. 이런 작은 것들도 장만하려면 다 돈이 드니까. 처음 개업하는 형편에 아낄 수 있는 데까지 아껴야 하지 않겠는가.

그래서 수술대도 가져왔다. 보통 대학병원 수술실에서 볼 수 있는 손으로 돌려서 높낮이를 조절하는 수동식, 까만색 수술대이다. 그런데 앉아서 수술하기에는 수술대가 너무 높다. 이 회사는 이 수술대를 이렇게 선전한다.

"천 년이 지나도 고장이 나지 않습니다."

이 수술대는 동산의료원 성형외과 제1회 전문의 선생님께서 개업하실 때 구입하신 수술대라고 한다. 거의 대구 최초라 할 수 있는 성형외과 전문의 선생님의 개업이라고도 볼 수 있다. 그러다가 그 병원을 인수하신 선배님이 그 수술대를 계속 사용하셨다.

그리고 그 선배님이 병원을 폐업하면서 내가 가져온 것으로 거의 30년간 성형수술 환자만 눕혔던 유서 깊은 수술대이다. 그런데 1회 선배님이 병원을 옮기며 이 수술대를 안 가져간 이유가 뭘까? 우리 병원에 그 수술대를 옮겨 온 의료기 업체 사장은 이렇게 말했다.

"원장님! 저 수술대 옮기다가 죽는 줄 알았습니다. 얼마나 무거운지 제 친구 여섯 명이 붙어서 계단을 올라오는데 미끄러지면 깔려서 죽을 것 같았습니다. 저 수술대는 다음에 병원 이사하실 때는 절대 옮기지 마세요."

아마 1회 선배님이 안 가져간 이유도 그러했으리라. 그렇게 힘들게 옮겨온 수술대는 너무 높아서 불편했다. 그리고 너무 길어서 작은 수술실에서 위치를 선정하기가 힘들었다.

'나는 언제 한 번 넓은 수술실에서 전자동 최신식 수술대를 놓고 수술을 해보나?' 생각하며, 의자를 올려서 수술하기도 하고, 환자 머리 부위만 기울여서 높이를 맞추기도 했다. 좁은 공간에서 침대를 이런 저런 방향으로 돌리며 국소마취 수술부터 전신마취 수술까지 다 했다. 그렇게 하다 보니 어느새 몇 개월이 지났다.

지금 생각해 보면 수술 침대가 뭐 그리 비싸겠는가? 최신식으로 하나 바꾸고 그 침대를 폐기처분하면 될 텐데, 그 당시에는 그런 생각을 전혀 하지 않고 수술대 높이를 낮출 궁리만 했다.

수술 스케줄이 없는 조용한 날, 구조를 파악해 낮아지게 할 수는 없을까 하고 수술대를 최대한 올려 보았다. 밑으로 들어가 요리조리 살피고 있는데 수술대 밑에 아주 깊숙이 숨겨진 이상한 종이가 눈에 들어왔다. 그 종이는 부적符籍이었다.

이 수술 침대의 첫 번째 주인인 1회 선배님은 독실한 기독교 신자 이신지라 부적을 붙일 리가 없다. 두 번째 주인인 선배님은 아마도 무교이리라. 그러니 어머님이 보편적인 한국의 전통적인 종교관을 가지신 분일 것이다. 그래서 성형외과 의사 아들이 처음으로 개업을 하자 수술하는 중에 사고 나지 말라고 아들도 모르게 부적을 깊숙한 곳에 숨겨 놓았으리라.

수술대라는 것이 많은 환자들이 누워서 피를 흘리는 특수한 상황이 연출되는 침대이지 않은가? 피를 항상 보아야 하는 수술 침대이고 보니 귀신들이 주위에 맴돌 법도 하다. 혹시 마魔가 끼어 수술대에 누워 있는 환자에게 나쁜 일이 생기면, 특히 미용 수술을 하는 성형외과 의사에게는 치명타다. 부적은 그런 존재들을 인정한다는 전제 조건을 갖고 있다. 즉, 물건에도 영이 깃들 수 있다는….

그나저나 십자가가 달린 요셉 병원에 부적이 숨겨진 수술 침대는 영 궁합이 맞지 않다. 그래서 부적을 쓰레기통에 버리려고 하다가 어디서 들은 풍월은 있어서 화장실에 가서 부적에 불을 붙이고 기도까지 정성스럽게 드리면서 재를 날렸다.

부적을 태운 그날 밤 꿈을 꾸었다. 수술대가 보였고, 그 옆에 할머니 한 분이 서 계셨다. 내가 수술하러 오셨느냐고 묻자, 그동안 수술 구경은 원 없이 했다면서 이제 멀리 떠날 거란다. 그리고 수술은 혼자서 하는 게 아니니 수술하기 전에 항상 기도를 하라고 하셨다. 그렇게 3년이 흘렀다.

'우주 메디컬'이라는 의료기 업체에서 미제 최신식 수술대를 싼 가격으로 구입하라고 제안을 해왔다. 때마침 몇 개월 뒤에 병원을 확장 이전해 'S성형외과'로 개원할 계획이었고 수술대도 장만해야 해서 얼른 구입했다. 이제 조금만 참으면 넓은 수술실의 전자동 최신식 수술대에서 수술을 하게 될 것이다.

병원 이전 계획을 알게 된 우주 메디컬은 더 많은 수술 기구를 판매하려고 열심이었다. 이사하는 날, 개업한 지 3년 정도 밖에 되지 않았는데도 얼마나 이사할 게 많은지 여직원들과 이사센터 아저씨들이 파김치처럼 퍼졌다.

'거의 100kg가 훨씬 넘는 수술대를 계단으로 옮기려면 얼마나 힘들까? 이 병원도 새로 임대를 주려면 수술대와 수술등이 달려 있는 게 좋을 거야.'

나는 수술대는 옮기지 않아도 된다고 했다. 아저씨들이 너무 좋아했다. 나는 조금 있으면 헤어지게 될 수술대에 걸터앉아 수술대를 어루만지며 이별을 고했다. '3년간 동고동락은 했으나, 내 체격에 비해 넌 너무 커. 새로운 주인은 체격이 큰 사람을 만나는 게 좋겠지? 그동안 고마웠다.'

하루 종일 이사한다고 정말 고생이 많았다. 개업 중이던 병원 세 곳이 한 병원으로 합치는 이사, 정말 짐도 많고 버릴 것도 많았다. 힘든 하루였다.

이튿날 흥분된 마음으로 'S성형외과'라고 간판을 건 새 병원으로 출근했다. 외래를 한 번 휙 둘러보고 수술실에도 가보았다. 그런데 으악! 내 눈 앞에 요셉성형외과에서 이별을 고했던 수술대가 있는 게 아닌가? 사건의 전말은 이렇게 된 것이었다.

의료기 업체에서 병원 이사를 도우러 한발 늦게 옛 요셉성형외과 병원에 도착했다. 벌써 이사를 간 후였다. 병원을 이리 저리 둘러보는데 수술대가 눈이 띄었다.

'수술대로 사용하기에는 아무 하자가 없는데 왜 놔두고 갔지?' 자기들끼리 생각 끝에 내린 결론은 이러했다. '무거워서 못 옮겼구나!' 그래서 원장님을 감동시켜 더 많은 의료기를 팔아보자는 숭고한 뜻으로 죽을 고생을 하며 밀고 당겨 옮겨온 것이다.

S성형외과에 원장은 네 명인데 수술실 방은 세 개였다. 그리고 각 수술실마다 수술 침대가 준비되어 있었다. 세 명은 수술하고 한 명은 외래에서 상담을 하거나 환자를 치료해 줘야 한다. 그러니 수술 침대가 더 필요 없다.

그래서 중고상에게 팔아버릴 생각으로 엘리베이터 앞에 접어서 세워두었다. 그런데 얼마 뒤부터 환자가 너무너무 많아졌다. 병원에 환자가 많아지자 네 명의 원장이 동시에 매일 수술을 하게 되었다.

하는 수 없이 수술 준비실용으로 만든 좁은 공간을 수술실로 개조했다. 그리고 복도에 처박아 놓았던 그 침대를 다시금 펼쳐서 수술을 하게 되었다. 수술대가 마치 자기를 버리지 말고 다시 사용해 달라고 한 것 같았다.

덕분에 그 좁은 수술실과 키가 큰 수술대는 다시 내 차지가 되었다. 더 큰 병원으로 확장이전 했건만 수술실은 더 좁아졌고, 수술대는 똑같아졌다.

좁은 수술실 바로 옆은 수술실 간호사들이 수술 기구를 씻고 다음 수술을 준비하는 공간이었다. 그러다 보니 내 환자가 수술 침대에 누워 있으면 너무 시끄러웠다. 그리고 수술실도 원래 준비실 용도인지라 3면이 수납장이어서 어수선하다. 이래가지고는 환자들이 불쾌해 할 가능성이 많았다.

일단 자바라 문을 하나 설치해 공간을 차단했다. 벽에 카세트를 달고 환자 귀에 헤드폰을 씌웠다. 수술 전에 불안해하는 환자의 정신이완을 위해 김영우 선생님의 전생 체험 유도 테이프를 틀었다. 그리고 이렇게 말했다.

"귀에 들리는 말대로 따라하면 수면 마취도 잘 되고, 수술할 때 전혀 아프지 않습니다."

그러면 환자들이 얼마나 열심히 집중해 테이프를 따라하는지, 그당시 성형수술하면서 전생 갔다 온 사람 참 많았다.

그런데 수술 침대 색깔이 너무 어두웠다. 까만색이니까. 예전에 이경호 선배님 병원 개업식 때 보았던 진한 노란색 진료 침대가 너무나 인상 깊었던 지라, 침대 커버를 진한 노란색으로 천 갈이를 했다. 우습게도 천 갈이를 맡긴 가게는 상호가 '요셉 소파 천 갈이'였다.

수술 침대의 원래 목적이 환자를 눕혀서 수술을 받게 하는 것이다. 그런데 이 침대는 놓여 있는 위치가 수술 준비실인 탓에 간호사들이 기대어 살짝 낮잠을 자는 곳이 되기도 했고, 밤늦게 수술이 끝나면 야식을 올려놓는 식탁이 되기도 했고, 생일날 케이크를 올려놓는 테이블이 되어주기도 했다. 그렇게 3년이 흘렀다.

그리고 대구 달서구에 용산 S성형외과 분원이 생겼다. 여러 가지 개원 준비를 내가 도맡아 했었다. 수술 침대를 특별 주문했다. 안마기도 장착했고, 물론 자동이었다. 수술실 또한 넓었다. 병원이 8층에 있고 벽이 유리로 되어 있어서 창밖 풍경은 예술이다.

용산분원 원장이 된 후 새로운 마음으로 새 병원에서 열심히 진료하고 수술을 했다. 그런데 3개월쯤 지날 무렵, 등이 아프기 시작했다.

같은 층에 있는 제통의원 원장 말은 이러했다.

"원장님, 수술 너무 많이 하셔서 생긴 병입니다."

동성로 병원에 있을 때는 지금보다 수술을 더 많이 했는데 그 때는 등이 아픈 적이 없었다. 가만히 생각해보니 옛날 수술대는 키가 높아서 항상 등을 반듯이 세워 수술을 해야 했다. 그런데 지금의 최신식 수술대는 높낮이가 내 마음대로 조절되니 편한 자세로 등을 구부려 수술을 하게 된 탓이다. 등을 반듯이 펴서 수술하는 게 너무 불편하다면서 항상 수술 침대를 교체 하려고만 궁리했었는데….

말 못하는 수술대는 내 미움과 원망을 불평 없이 받아내며 물가에 나가 노는 어린이를 돌보는 심정으로 그동안 한 번의 의료사고도 없이 자신에게 누워 있던 환자를 안전하게 보호해 왔던 것이다.

며칠 뒤 공동 원장 회의가 있어서 동성로 본점에 갔다. 6층 엘리베이터가 열리고 창고처럼 변해버린 복도를 지나 원장실로 가게 되었다. 그 순간 복도 구석에 비닐에 덮여서 'ㄷ'자로 꺾어진 노란색 나의 수술 침대가 눈에 들어왔다. 나는 비닐을 걷어내고 수술 침대에 손바닥을 올려 보았다. 갑자기 가슴이 뭉클해졌다.

천 년이 지나도 고장 나지 않는다는 수술 침대. 그리고 부적, 이사 온 병원으로 옮겨 온 일, 환자를 많이 오게 해서 다시 사용하게 된 기억, 진한 노란색 천 갈이. 등이 아프게 되자 다시 깨닫게 된 옛 수술대에 대한 고마움…. 그 순간 내 머리에 떠오르는 단어가 있었다. '은행나무 침대'.

S성형외과는 요셉성형외과와 M성형외과로 분리를 하게 되었다. 원래 있던 건물에 M이 간판을 바꾸어 개원했고, 나머지 세 명의 원장은 이사를 해 요셉으로 간판을 걸게 된 것이다.

얼마 전 여류시인과 점심식사를 같이 했다. 짧은 시간 동안 인터뷰처럼 나에 관한 여러 가지 이야기를 해드렸다. 그 이야기 중에 '은행나무 침대' 이야기도 있었다. 수술 침대라는 것은 일반인들은 접할 수가 없는 가구이기도 하고 수술대라는 어감이 무섭지 않은가. 그런데 이야기를 가만히 듣다 보면 이 수술 침대 이야기는 묵묵히 남편만을 따라다니며 힘든 일을 도맡아 해오는 아내를 떠오르게 한다.

글을 적는 동안 다시 그 수술대가 보고 싶어졌다. 그래서 우리 병원 실장에게 수술 침대를 가져오라고 지시했다. 마침 다음날이 실장의 여름 휴가였다. 본인은 휴가를 다녀와서 실행하려고 했으리라.

수술실 수간호사에게 옛날 수술대 이야기를 해주었다. 그랬더니 이야기에 감동을 받은 수간호사가 즉시 M성형외과 수술실로 전화를 했다. 그런데 아뿔사! 불과 며칠 전에 의료기 중고상에게 팔았다는 것이다. 그리고 그 중고상이 어느 회사인지 수술실 간호사들은 모른다고 한다.

이제 이 이야기는 내가 중고상을 수소문해 그 수술대를 다시 구입하는 것으로 끝맺어야 되는 게 아닐까?

종합 병원 시절

여자에게 있어서 얼굴은 인생이다.
인생역전을 목표로 하는데 부끄러운 게 대수랴!

봉직의를 하면서 가만히 생각해 봤다. 내가 근무하는 병원은 중소 도시에 있다. 그 병원에 종사하는 인원은 대략 200명이다. 그 가족들을 포함하면 세 곱절해서 600명. 거기다 친척들을 세 곱절하면 1,800명. 거기다 이웃들을 세 곱절하면 5,400명. 이 정도의 인원이 나의 열렬한 팬이 된다면….

답은 나왔다. 그러니 내 주위에 있는 사람들이 나에게 수술을 받고 싶어하게 만들면 되는 것이다.

그런데 같은 직장에 근무하는 사람들은 성형수술을 받는 것이 부끄러워서 다른 곳에서 받는 것일까? 그럴 수도 있겠으나 결코 그렇지는 않다. 여자에게 있어서 얼굴은 인생이다. 인생역전을 목표로 하는데 부끄러운 게 대수랴!

문제는 믿음이 가야 한다. 어떻게 하면 저들에게 자신의 인생이랄 수 있는 얼굴을 맡길만한 믿음을 갖게 해줄 수 있을까?

일단 쌍꺼풀 수술을 얼마나 잘하는지 보여줘야 한다. 어떤 아가씨를 수술한다고 가정하자. 대부분의 경우, 상담하고 예약하고 수술날 온다. 그리고 수술하고 난 뒤 눈이 부은 채로 귀가해 4일 뒤에 실밥을 제거하러 온다. 그리고 문제가 없으면 오지 않는다.

그러면 그 병원에 종사하는 직원들은 쌍꺼풀의 완성품을 구경할 수가 없지 않은가. 직원들의 가족이나 지인이 당신 병원의 성형외과 과장이 수술 잘하느냐고 물었을 때, 그저 병원을 사랑하는 마음에 자기 병원으로 오라고 하지는 않을 것이다. 확신이 없는데 수술시켰다가 실패하면 자신만 원망을 들을 테니까.

수술실에 근무하던 조카가 있었다. 사촌 누나의 딸인데 예쁜 얼굴이지만 쌍꺼풀이 없었다. 조카는 삼촌인 나에게 쌍꺼풀 수술을 해달라고 졸랐다. 물론 공짜란 유혹이 컸으리라. 나는 이것이 위의 문제를 풀 수 있는 실마리라고 생각했다.

조카는 수술을 받았고, 부기가 빠질 때까지 직원식당에 나타지 않았다. 그리고 감사의 표시로 발렌타인 17년생 한 병을 사 들고 왔다.

그리하여 수술실에 근무하는 다른 간호사도 수술을 받게 되었고. 얼마 뒤 우리 집에는 발렌타인 17년이 40병쯤 쌓이게 되었다. 응급실 직원도, 원무과에 앉아 있는 직원들도, 병동 직원들도, 심지어 매점 직원까지….

어느 날 병원 이사장이 나를 보잖다. "쌍꺼풀을 공짜로 해준다는 소문이 있던데?"라고 물으신다. 사실을 말씀드리고 이제 그만하겠다고 말씀드렸다.

그 후로 우리 방 간호조무사가 내가 이사장님께 야단을 맞았다고 직원들에게 소문을 냈다. 발렌타인 17년은 더 이상 오지 않았지만 병원 직원들의 친척, 가족, 지인들이 서서히 성형외과를 찾기 시작했다. 부탁도 많이 들어오고 수입도 점점 늘어나기 시작했다.

영화 제목에 스민 이야기

"으음~. 나는 '투 펄센트' 프리~즈."

　레지던트 기간은 고작 4년인데, 평생 이야기해도 끝나지 않을 것 같은 이야기들이 왜 그리도 많은지. 그 시절엔 고생도 많았지만 재미있는 일도 참 많았다. 그런 아스라한 기억들 중 하나다.

　우리 과장님은 영어 발음을 미국식으로 하라고 가르치셨다. 그래서 영어 발음 하나에도 눈물이 핑 돌 정도로 따끔하게 야단을 치셨다. 한국식 영어에 익숙한 우리가 신경을 쓴다고는 하나 사투리 나오듯이 어쩔 수 없이 실수를 한번씩 터트려 과장님을 언짢게 했다. 평소에는 영어 발음을 한국식으로 하다가 과장님 면전에서만 미국식으로 하려고 하니 제대로 될 리가 없었다.

레지던트 3년차 시절, 당시 1년차로 들어온 분은 의국은 후배이지만 의대로는 2년 선배님이셨다. 성형외과에 딱 맞는 아주 꼼꼼한 성격이셔서 과장님의 지시 사항은 철저히 지켰고, 심지어 전화 목소리까지 닮아가고 있었다. 그래서 평소에도 영어 발음을 거의 미국 본토 식으로 굴려가며 해서 우리가 못 알아듣는 경우가 종종 있었다.

어느 토요일 퇴근시간 당직실의 풍경. 평소 차트 정리를 부지런히 한 사람은 집에 갈 준비를 하고, 미비한 차트가 있는 농땡이들은 부지런히 차트를 정리하고 있었다. 물론 성격 꼼꼼한 1년차 선배에게 미비 차트가 있을 리 없다. 그렇지만 윗 년차들이 퇴근을 안 했는데 먼저 퇴근하기가 미안했는지 책상 앞에 앉아 있었다.

당시에는 휴대폰이 없고 삐삐라는 호출기를 쓸 때였는데 적막을 깨고 그 선배의 삐삐가 울렸다.

"누구지? 어? 집사람이네!"

모두 알아듣도록 또박또박 큰소리로 말했다. 선배님 부인은 의대 동기로 우리에겐 여자 선배님이셨다. 그러니 여자 선배가 전화해 퇴근 안 하냐고 하면 우리는 '어서 가 보세요'라며 예의를 차려야 한다.

전화 내용상 오랜만에 두 선배님은 영화를 보러 가기로 약속한 모양이다. 여자 선배가 오늘 보러 갈 영화 제목이 뭐냐고 묻는 것 같았다. 농땡이들은 차트를 정리하며 전화 내용에 귀를 기울이고 있었

다. '요즘 재미있는 영화가 뭐 있지? 나도 와이프랑 보러 가야지.'

선배는 우리 눈치를 보면서 고개를 돌려 전화기에 손을 갖다 대고 뭐라고 소곤거렸다. 분명 영화 제목을 말했는데, 선배 와이프도 못 알아들었고 우리도 못 알아들었다. 모두 영화 제목이 궁금했다.

차트 정리에 분주하던 볼펜이 하던 일을 멈췄고, 당직실에 적막이 흘렀다. 선배는 조용한 분위기에 압도되어 더 소곤거리는 목소리로 무어라 말했다. 상대방은 또 못 알아들었다.

책상에 앉아 있던 우리마저도 너무 궁금해져서 하던 일을 멈추고 고개를 들어 그 선배의 뒷모습을 일제히 쳐다보았다. 와이프가 영화 제목을 못 알아듣자 본인도 살짝 짜증이 났나 보다.

적막을 깨고 큰소리로 전화기에 대고 한 말은 '영어'였다. 그것도 미국식 본토 발음. 그래서 여자 선배가 못 알아들었던 것이다.

"피에이노!"

우리는 모두 쓰러졌다.

ps : 요즘 이 분이 대학병원 과장님이시다.

과 회의 시간, 레지던트 1년차가 과장님께 음료수를 권한다.

"과장님! 어떤 음료수를 드시겠습니까?"

준비된 음료는 콜라, 사이다, 2%, 환타 등이다.

"으음~. 나는 '투 퍼센트' 프리~즈."

사재기

몸을 잘 다스리면 나라를 다스리는 이치를 알 수 있다.

스트레스가 곧 살이요, 살이 곧 스트레스다.

뚱뚱한 분들이 가장 듣기 싫어하는 말이 있다.

"너는 게을러서 그렇게 됐다."

그 분들은 몸을 움직이지는 않지만 마음은 너무나 분주한 분들이다. 즉, 몸이 뚱뚱해진 이유는 마음에 문제가 있는 것이다.

마음이 머리요, 머리를 대통령이라 생각하고 몸을 백성이라 생각하자. 대통령이 스트레스를 받고 조금만 불안한 상황을 보이면 육체를 구성하는 백성들은 전투태세를 갖춘다. 곧 전쟁이 터질 거라고 불안해 하면서….

전투태세란 일단 식량을 많이 비축해 놔야 한다. 그래서 '사재기' 현상이 생긴다. 예를 들면 비만 환자가 와서 이야기한다.

"저는 요즘 얼굴과 손발이 너무 붓고, 먹고 돌아서면 또 먹고 싶고, 배가 부른데도 먹을 것에 손이 자꾸 갑니다."

이것이 '사재기' 현상이다. 그리고 깊고 편안한 잠을 잘 자지 못한다. 전쟁 중에는 경계를 서야 하지 않겠는가? 그러다 보니 뒷머리가 묵직하고, 어깨가 항상 뭉쳐있고 손발이 저리다. 언제 전쟁이 터질지 모르니 항상 바짝 긴장을 하고 있다.

이런 상태에서 살을 뺀다고 굶어버리고, 갑자기 헬스클럽에 등록해서 무리하게 운동을 시작하면 몸은 '드디어 올 것이 왔구나. 전쟁이 터졌다!'라고 생각한다.

이쁜 헬스복을 입고 러닝머신 위를 뛰어도 몸은 전혀 다르게 생각한다. 전쟁이 나서 먹지도 못하고 산으로 들로 도망다닌다고 생각한다. 그래서 긴축재정을 한다.

몸은, 속으로 딴 생각을 한다. 이런 시절이 지나고 먹을 것이 풍족한 상태가 되면, 더 많이 저장해 놔야겠다는 의지를 불태우게 된다. 이것이 '요요현상'이다.

그러니 살을 빼려면 국민들을 안심시켜야 한다. 자꾸 불안하게 만들면 안 된다.

그래서 비만인 사람들이 가장 먼저 해야 할 일은 집착을 버리는 '마음공부'이다. 그리고 식사를 아주 규칙적으로 소식을 해야 한다.

규칙적으로 식량을 주면, 적은 양이지만 불안해하지 않는다. '사재기'를 하지 않게 되고, 서서히 자신의 몸을 날씬한 몸으로 변화하게 한다. '사재기'란 표현이, 얼굴, 손, 발 붓는 것과 끝없는 식욕을 아주 쉽게 이해시키는 수단으로 좋다.

몸을 잘 다스리면 나라를 다스리는 이치를 알 수 있다. 즉, '수신제가치국평천하'의 또 다른 의미인 것이다.

살빼기와 자동차

햄버거를 먹더라도 안에 있는 고기는 먹고
덮고 있는 밀가루 빵은 하나 없애고 먹어라.

주위에 비만 때문에 고민하시는 분들이 너무 많다. 온통 다이어트 선전이다. 이것만 하면 10kg는 금방 줄어든다고 한다.

텔레비전을 봐도 날씬한 아가씨들을 앞에 세워 놓고 이것만 하면 저렇게 된다고 유혹한다. 그래서 가만히 앉아 계속 먹어대는 뚱순이들은 전화 수화기를 들고 주문하기 바쁘다.

우리가 몸서리치는 지방은 무엇인가? 적을 알고 나를 알면 백전백승이라고 손자병법에도 나오지 않는가. 우리 몸에 있는 지방의 정체를 알아야 이 처절한 싸움에서 이길 수 있으리라.

비유적으로 이야기 해 보자. 사람의 인체를 자동차라고 가정해 보

자. 출고된 지 20년 또는 30년 정도 지난 중고 자동차. 그동안 이 자동차는 타이어 바람도 빠지고, 헤드라이트 불도 희미해지고, 엔진오일도 부족하고, 나사도 약간 풀린 상태이다.

생활 습관

자동차는 움직이기 위해 가솔린이 필요하다. 중고 자동차는 빨리 달리지도 않고, 늘 서 있기 일쑤인데 연료통에 가솔린은 가득하다.

뚱뚱해진 이유

그런데 아침, 점심, 저녁시간만 되면 주유소에서 가솔린을 준다. 연료통은 가득 차 있는 상태인데도, 귀한 가솔린을 버릴 수는 없고, 할 수 없이 드럼통에 담아서 트렁크에 싣고 다닌다.

드럼통이 하나 둘씩 늘면서 차는 점점 무거워진다. 타이어 바람은 더 빠지고, 엔진오일은 거의 바닥에 가까워진다. 이런 중고 자동차가 잘 달리기 위해서는 어떤 조치가 필요한가?

살 빠지는 방법

1. 가솔린을 그만 받아야 한다. 그래서 트렁크에 보관된 드럼통의 가솔린을 얼른 태워 자동차 무게를 줄여야 한다. – 식이 조절

2. 타이어 바람도 다시 넣어야 한다. 엔진오일도 채우고, 나사도 조이고, 헤드라이트도 갈아야 한다. 그러면 이 자동차는 가볍게 신나게 달릴 것이다. - 영양보급과 운동

이것이 누구나 다 아는 비만 퇴치의 방법이다. 그런데 그 가솔린이란 것에 함정이 있다.

지방이란 무엇인가?

인체에 필요한 에너지원은 포도당이다. 즉 가솔린이 포도당이고, 드럼통에 들어있는 가솔린이 바로 지방인 것이다. 분명히 알아야 하는 것이 '포도당이 지방'이라는 사실이다.

한국인의 식생활

우리는 포도당을 많이 섭취하는 민족이다. 그리고 부지런히 몸을 움직여 살아온 민족이다. 그래서 과거엔 날씬했다. 그런데 요즘은 몸을 움직이지 않는다.

포도당이 되는 음식물이 바로 탄수화물이다. 밥, 밀가루 음식, 감자, 고구마, 그리고 대부분의 과일들이다. 수박을 먹어도 참외를 먹어도 살이 안 빠진다. 이것이 바로 가솔린인 것이다. 이런 탄수화물의 섭취를 줄이고, 단백질과 비타민과 미네랄을 보충시켜 줘야 한다.

그동안 우리가 살이 찐다고 겁을 먹었던 소고기, 돼지고기, 우유, 두부, 달걀, 치즈 등이 몸 안에서 포도당으로 변하기 위해서는 여러 단계의 화학반응이 필요하다. 그때 에너지가 많이 소모된다. 그러므로 단순하게 생각하자. 이런 음식들은 지방이 아니다.

삼겹살의 비계는 아무리 먹어도 지방이 될 수 없다. 즉, 이런 음식들은 드럼통에 담겨진 가솔린과 같이 지방이 될 수 없다.그렇다고 이런 음식만 섭취하라는 것이 아니고, 상식을 바꾸자는 것이다.

뷔페식당에 가보면 비만인 어머니가 살 뺄 거라고, 커다란 접시에 초밥 두 개, 김밥 한 개, 소면을 말아서 먹고 있다. 그것이 몽땅 지방이 되는 줄은 꿈에도 모른다. 그 옆에서 날씬한 자녀들이 갈비며 왕새우 같은 것을 잔뜩 차려놓고 먹고 있다.

그리고 돼지 삼겹살에서 뚝뚝 떨어지는 기름은 아무리 먹어도 우리 몸에 있는 지방이 될 수 없다. 즉, 포도당이 될 수 없는 음식은 지방이 될 수 없으니 마음껏 먹어도 살이 찌지 않는다.

지방의 정체는 모양이 바뀐 포도당이다. 회식을 할 때 고기는 실컷 먹어라. 단 공기 밥은 먹지 말아야 한다. 햄버거를 먹더라도 고기는 먹고, 빵은 하나만 먹어라. 이것이 비만 정복의 비결이다. 우리가 적으로 여기는 지방은 탄수화물인데, 우리는 그것이 살이 찌지는 않는 줄 잘못 알고 있었다. 그러니 비만과의 싸움에서 항상 질 수밖에.

뇌의 신비

스트레스를 많이 받는 현대인들의 대뇌는 항상 신피질 영역이 과부하 상태이다.
그래서 고피질 영역은 위축되게 되고,
간뇌의 활동에도 영향을 주게 되어 우리 몸은 아프다.

먼저 인간의 대뇌를 살펴보자.

인간의 대뇌는 크게 3부분으로 나눈다. 신피질과 고피질변연계 그리고 간뇌.

신피질은 인간에게 특히 발달한 의식의 세계이며, 스트레스를 받는 영역이다. 고피질은 본능적인 세계이며, 무의식의 영역이고, 무수한 미스터리가 숨겨진 곳이다. 간뇌는 호르몬과 내장기관을 관장하는 곳이다. 고피질은 간뇌를 조정한다.

신피질과 고피질은 서로에게 영향은 주지만 연결되어 있지 않다. 이 말은 우리가 의식적으로 위장이나 간장 등의 내장에 명령을 내려도 뜻대로 움직이지 않는다는 말이다. 위장에게 "소화 잘 시켜!"라고 명령을 내려 보라. 위장은 전혀 말을 듣지 않는다. 그런데 영향을 받는다는 말은 기분이 좋으면 소화가 잘되고, 스트레스를 받으면 소화가 안 된다는 뜻이다.

고피질은 우리 몸의 신진대사를 조정하는 부위이며, 명령을 받아 호르몬을 분비하는 곳이 간뇌이다. 고피질은 인간이 응급상황에 처하게 되면 초능력을 발휘하게 되는 파워가 숨어 있는 영역이다. 이 고피질에 자극을 주면 우리 몸은 스스로 치유하는 능력이 발휘된다.

신피질과 고피질은 태극 문양의 적색과 청색이다. 두 색은 원에 갇혀 있다. 그래서 적색이 커지면 청색은 작아진다. 반대로 청색이 커지면 적색은 작아진다.

스트레스를 많이 받는 현대인들의 대뇌는 항상 신피질 영역이 과부하 상태이다. 그래서 고피질 영역은 위축되게 되고, 간뇌의 활동에도 영향을 주게 되어 몸이 아프다. 스트레스가 주범이긴 하나 스트레스를 안 받고 살 수 없는 것도 현실이다.

자가혈을 주사하면 우리 몸은 응급상황이라고 느끼게 된다. 즉, 혈관 안에 있어야 되는 혈액이 근육에서 발견되면 뇌는 상처를 받았다고 인지를 한다.

이 신호가 뇌 부위 중에서도 고피질계로 전달된다. 그러면 고피질계는 확장되고 신피질계는 축소된다. 이 상태가 자가 치유 능력을 발휘하게 되는 것이다. 그리고 신피질계의 축소로 정신적인 스트레스가 떨어지게 된다.

이 부분을 다시 설명하면, 범인에게 자백을 받을 때 담배를 피우게 하는 것과 같다. 범인의 머리는 복잡하다. 잔머리를 한참 굴리고 있는 중이다. 그러므로 범인의 신피질계는 과부하에 걸린 상태다.

그 때 담배 연기가 폐 안으로 들어가면 우리 인체는 독가스가 들어 와서 죽을 수 있다는 위기감에 온몸에 있는 피를 폐로 집중시킨다. 그러면 신피질 계에 몰려 있던 피도 폐로 가게 된다. 잔머리를 못 굴리게 된다.

담배를 안 피우다가 한 번 피우면 머리가 핑 도는 느낌이 드는데 이것이 바로 피가 빠져나가는 현상이다. 신피질에서 피가 빠져 나가게 되고 순간 마음이 편안해지는 것이다. 그러면 범인은 자백을 하게 된다.

고피질계_{변연계}를 자극하는 여러 방법 중에 자가혈 주사와 태반요법이 포함되는 것 같다. 신체에 가해지는 실질적인 고통은 없이 대뇌 중 무의식의 세계인 고피질계가 응급상황이라고 느끼도록 정보를 주는 과정이다.

또 다른 자극을 주는 방법은 진동이다. 우는 아기를 차에 태우면

자는 경우와 같다.

아기는 편안해 보이지만 사실 진동은 우리 몸이 느끼는 위기감 중에 으뜸이다. 진동은 지진이 생기는 현상이다. 육체는 지진을 본능적으로 기억하고 있다. 진동은 간단하면서도 강력하게 고피질계를 자극하는 방법이다.

의식의 세계인 신피질계가 바로 고피질계에게 명령을 할 수만 있다면 우리 몸의 호르몬 분비와 내장기관의 운동을 마음대로 할 수도 있을 것이며 소위 말하는 초능력이 발휘될 것이다. 텔레파시, 염력, 투시 등등.

신피질 계에는 53개의 기능적인 구분이 있다. 이 모든 영역에서 의심 없이 믿는 신념이 있다면 그리고 바라는 것이 있다면, 고피질계는 명령을 받아들인다.

그래서 트럭 밑에 깔린 자식을 구하기 위해 트럭을 한 손으로 들어버린 아주머니와 같은 초능력이 발휘가 되는 것이다. 그래서 예수님은 말씀하셨다.

"의심하지 말고 믿으라. 그러면 이루어지리라."

이것은 본능적으로 인간들이 가지고 있는 능력이다. 고대인들은 이런 능력을 발휘하는 초능력자들이었을지도 모른다. 아틀란티스인처럼….

기미 치료와 초란

이집트의 클레오파트라. 그녀도 초란을 복용했다고 한다.

1999년도 처음 개업을 했을 당시 병원 인테리어 공사에 참여했던 노처녀가 있었다. 외모에는 무신경으로 살던 그녀가 성형외과에 대해 관심을 기울이기 시작했고 급기야는 수술을 받기 시작했다. 귀족수술도 하고 쌍꺼풀수술도 하고 점도 빼고….

그런데 햇빛에 너무 노출되어 일을 많이 했던 탓에 얼굴에 기미가 많았다.

"원장님. 기미를 없애는 치료법은 없나요?"

"내 전공이 아니라 잘 모르는데, 기미는 속병이 있으면 생긴다 하잖아? 피부를 치료하려면 위장도 같이 치료해 줘야 한다고 들었는데…? 나도 잘 모른다."

그로부터 약 6개월이 경과한 뒤 그 노처녀가 맛있는 간식을 들고 병원을 방문했다. 시끌벅적하게 직원들과 인사했다. 목소리가 얼마나 큰지….

"원장님! 그동안 잘 계셨어요. 보고 싶었어요. 하하하. 전에 뽑았던 점이 재발했는데 다시 뽑아주세요."

마취 연고를 바르고 20분 경과한 후 레이저실 침대에 눕혔다. 점을 뽑으려고 얼굴을 자세히 보는 순간 깜짝 놀랐다. 그 많던 기미가 없어지고 그 자리에 뽀얀 분홍빛 피부가 있지 않은가!

"아니! 그 많던 기미를 어떻게 없앴노?"

"원장님! 사실 제가 점을 다시 뽑으러 온 게 아니라 기미 없애는 비법을 원장님께 알려 주려고 달려 왔어요. 히히히."

그녀가 알려준 비법은 이러했다. 피부 치료를 받았는데 큰 진전이 없었다. 그러던 중 지인의 권유로 '초란'이란 걸 먹었단다. 초란은 처음 낳은 계란이 아니다. 나도 처음에 초란이란 말을 듣고 그렇게 생각했다. 초란의 초는 식초를 의미하고 란은 계란을 의미한다.

제조 방법은 현미 식초를 맥주 컵에 반 붓고 유정란을 담근다. 컵을 밀봉하고 약 5일 놔둔다. 그동안 계란 껍질이 식초에 녹아 물렁해진다. 그 때 껍질을 끄집어내고 계란의 내용물과 식초를 섞는다. 티스푼으로 하루에 한 숫갈씩 아침 저녁으로 먹는다. 그리고 피부에 필링용 화장품을 발랐다는 이야기.

이 이야기를 듣고 있던 수간호사의 눈빛이 초롱초롱해졌다. 자신의 얼굴에도 항상 화장으로 가리던 기미가 있었던 것이다.

수간호사는 그날 저녁 바로 실행에 옮겼다. 나와 다른 두 명의 직원은 수간호의 얼굴이 어떻게 되나 관찰해 보기로 했다. 그리고 열흘이 지났다. 우리는 수간호사의 반응이 궁금했다.

"수간호! 초란은 잘 먹고 있나? 어떠노?"

초란을 정말 먹기 힘들었나 보다. 깡다구 있는 우리 수간호가 포기를 한 걸 보면.

"원장님. 말도 마이소. 억지로 초란을 며칠 복용했는데예~ 우엑! 사흘 정도 지나니 정말 못 먹겠어예. 우엑! 처음에는 코를 막고 억지로 먹었는데 바로 오바이트 쏠리던데예. 와~. 그 언니는 정말 독하게 했던데예."

"그 정도로 못 먹겠더나. 하하하. 고생했데이."

그렇게 초란은 기억에서 서서히 사라졌다.

몇 년이 흘렀다. 서점에서 책을 구경하고 있던 중 《식초로 간암 다스리기》라는 책을 집어 들었다. 책을 휘리릭 훑어보다가 책의 중간 즈음에 아련히 잊혀졌던 두 글자가 보였다.

'초란.'

책의 저자는 '구관모'라는 분으로 대구 근교에서 식초 박물관과 연구소를 운영하고 계셨다. 인터넷 홈페이지도 있는데 '구관모'라고 치면 나온다. 이 홈페이지에서 여러 종류의 식초를 판매하고 있었다. 그 중에 초란도 있었고, 초란에 꿀을 섞은 '초밀란'이라는 제품도 있었다. 꿀 덕분에 먹기 훨씬 좋단다.

미美라면 항상 등장하는 이집트의 클레오파트라. 그녀도 초란을 먹었다고 한다. 클레오파트라의 초란은 식초에 계란을 넣은 게 아니라, 진주를 식초에 담궈 녹인 다음 그 액을 물에 섞어 마셨단다.

초란을 검색해보면, 재미있는 지식을 얻을 수 있을 것이다.

담즙

인진쑥도 담즙 배설의 촉진을 돕는다.
요즘 텔레비전에서 열심히 선전하는 간장제장도 담즙배설 촉진제이다.

우리 몸에서 배설을 하는 기관은 대장, 신장, 폐, 피부 이렇게 네 가지다. 그런데 우리가 간과하고 있는 기관이 담낭이다.

장에서 흡수한 영양분들은 간으로 가서 해독과정을 거치고 필요 이상의 지용성 물질들은 다시금 담즙의 형태로 배설, 대변의 색을 황금색으로 만든다.

담즙의 분비를 촉진시킨다는 것은 배설의 의미이고 이것은 과부하에 걸린 간을 청소하는 의미를 지니며 휴식을 의미하기도 한다.

약을 많이 복용하는 분들은 필수이다. 해독된 찌꺼기들 중 지용성은 거의 담즙으로 배설되어야 하니까. 이렇게 담즙 분비를 촉진하는 것에는 어떤 것들이 있나?

외국에서 많이 하는 커피 관장이다. 대체로 암센터에서 행하는 관장법인데, 암 치료로 생긴 해독물들의 배설을 위해서다.

얼마 전 일본에서 발표한 내용 중 하루에 커피를 두 잔 이상 마시면 간암이 예방된다는 이야기도 이런 맥락이지 않을까?

인진쑥도 담즙 배설의 촉진을 돕는다. 요즘 텔레비전에서 열심히 선전하는 간장게장도 담즙 배설 촉진제이다. 소금이 많이 들어가면 담즙이 많이 분비된다.

자주는 아니더라도 한 달에 한 번 정도 간장게장과 함께 식사를 하는 것은 나쁘지 않다. 너무 짜게 먹어 좋지 않다는 생각보다, 간을 청소한다는 마음으로 먹는 게 좋겠다.

웅담

횟집에서 술 마실 때,
물고기에서 나오는 쓸개를 모아서 만든 쓸개주를 먹어보니
술이 취하지 않는다는 느낌이 있었다.

담즙을 떠올리면 웅담이 생각난다. 웅담하면 우루사도 떠오르고….

어떤 약이나 식품이 어떤 질환에 좋다는 것에 대해 생각해 보면 세 가지 경우인 것 같다.

비유적으로 첫째, 너무 열심히 일만 하는 분에게는 휴식을 둘째, 너무 나태하면 자극을 셋째, 재료가 없으면 보충을 하는 경우다.

간, 심, 비, 폐, 신이라는 구분으로 우리 몸의 오장을 오행으로 푸는 경우, '목木 화火 토土 금金 수水'라고 한다.

이것들의 생生과 극剋의 관계로 병을 치료하는데, 생하게 한다는 것은 항상 이해하기 쉬운데 극한다는 것이 이해하기 어려웠다.

극 한다는 것은 휴식을 취하게 하는 것과 같다. 웅담이나 담즙 산의 원료인 우루사를 복용하는 것처럼 간이 너무 할 일이 많아 담즙을 만들 여력이 없을 때, 담즙 산을 복용해 간이 할 일을 조금 대신해 주는 것이다. 이렇게 간에게 여유를 주는 것이다.

이 경우 생生하게 한다고 볼 수도 있지만 담즙을 만드는 원료를 준다는 의미에서는 생하는 것이고, 다른 의미로 보면 과부하가 걸린 장기를 쉬게 한다고 볼 수 있으니 극한다고 할 수도 있다.

간은 목木이다. 목木이 쉬게 되면 목木으로 가야 하는 기운이 되어 목木을 도와주는 수水의 기운이 축적 되니 수水인 신腎장이 다시 기운을 추스르게 되어 정력이 강해진다. 즉, 기력이 없는 남자들이나 생리불순인 여성들에게 웅담을 처방하면 좋아지는 이유다.

웅담을 먹었을 때 정력이 좋아지는 것은 흥분되는 효과뿐, 발기에 도움이 되는 것은 아니다.

횟집에서 술 마실 때, 물고기의 쓸개를 모아 만든 쓸개주를 먹어 보니 취하지 않는 것 같았다. 그러나 쓸개주는 조심해야 한다.

감식초가 건강에 좋다는 것은 위장을 쉬게 한다는 이론이다. 감식초를 마시면 위산의 분비가 적어져 위장이 쉴 수 있다. 그리고 위산과 같은 감식초는 산성이므로 산의 중화를 위해 강한 알칼리 성분인 담즙이 많이 나오게 된다. 즉, 초가 간을 자극하는 것이다.

요로법과 광양자 치료법

상처를 받고 파괴되는 세포는 세포 활성 인자를 만들어내고 소멸된다.

심장 세포는 상처를 받으면 재생이 되지 않는다. 심장혈관이 막혀 세포가 상처를 받아 흉터scar가 생기면 치유하기가 곤란하다.

그런데 심장질환을 앓고 있는 환자에서 골수에서 조혈원시세포를 심장 세포에 주입하면 흉터가 형성된 심장 세포의 재생이 생긴다. 조혈원시세포가 아니더라도 단순히 우리 피를 뽑았다가 1주일 뒤에 다시 수혈하면 우리 몸은 어떤 반응을 나타낼까?

자기 피를 다시 수혈한다는 이야기가 일반인에게는 이상하게 들리지만 현재 큰 수술을 하기 전에 타인의 혈액보다는 자신의 혈액을 수혈하는 개념으로 종종하고 있다. 이런 수혈의 의미가 아니라 치료의 의미로 자기 피를 재주사하는 치료가 있다.

광양자 치료photon therapy라는 것이 있다. 우리나라에서 알려진 것은 1년 정도이다. 자신의 피를 150cc정도 뽑아서 광선을 쪼인 후에 다시 혈관으로 수혈하는 방법이다. 유럽에서 100년 이상의 역사를 가진 치료입니다. 대부분 성인병에 적용한다.

이 광양자 치료법을 조직요법적인 관점에서 해석해 보자. 채혈해서 체외로 나와 버린 혈액 세포들은 갑자기 스트레스 상황에 직면하면서 파괴가 된다. 그리고 혈액 안에 포함되어 있는 여러 세포들은 각자 자신의 세포활성인자를 배출하게 된다.

그 세포활성인자가 다시 인체에 주입되면 뇌는 인체의 어느 부위에 상처를 입었다고 인식한다. 그래서 상처받은 세포들을 복구시키는 시스템, 즉, 자가 치유 현상이 활성화될 거라 생각한다.

요로법.

서점에 가면 요로법이란 제목의 책들이 눈에 많이 보인다. 자신의 오줌을 마신다는 것만으로 많은 병이 저절로 치료된다는 이야기인데, 어째 자신의 오줌을 마신다는 게 너무 더럽다고 느껴진다.

그러나 그렇게 많은 책 속에서 오줌을 마시고 효험을 보았다는 말이 있는데 다 거짓말일까?

이 요로법을 조직요법적 관점에서 해석하면 이렇다. 인체 내에는 병든 장기가 있다. 아니면 혹사당하는 장기가 있다. 예를 들어 위궤양인 경우는, 위장이 술을 많이 마시면 간장이 병들어 있는 것이라 할 수 있다.

이런 장기를 이루는 세포들은 파괴되고 재생되는 과정이 다른 장기보다 더 많이 이루어지게 된다. 그리고 상처를 받고 파괴되는 세포는 세포 활성 인자를 만들어내고 소멸된다.

그리고 세포 활성 인자는 오줌으로 배설이 된다. 그러므로 자신의 오줌이 약이 되는 것이다.

Part 2
오토바이 그리고
에피소드

내 이름의 내력

'이영주李泳周. "물에 빠지더라도 헤엄쳐서 살아라"라는 뜻이라고 한다.

어릴 적 우리 집에 외할머니가 같이 사셨다. 외할머니는 나를 몹시 귀여워 하셨고 약국일로 바쁜 어머니를 대신해 나를 키우셨다.

어느 따뜻한 봄날, 약국 앞에서 외할머니는 갓난아기인 나를 안고 따뜻한 햇볕을 쬐게 해주셨다. 그런데 외할머니 앞을 지나가던 수염을 길게 기른 노인이 내 얼굴을 물끄러미 보고 '쯔쯔쯔'하면서 혀를 차고 가더란다.

귀한 외손자에게 무언가 나쁜 일이 생기는가 걱정이 되신 우리 외할머니는 쏜살같이 달려가서 그 노인의 소매를 낚아채고 왜 귀한 손자에게 혀를 차고 가느냐고 따졌다. 그러자 그 노인은 손자 이름이 무엇이냐고 되물었다. 그 당시 내 이름은 '이영우李永雨'였다.

그 노인의 말은 이러했다. 내가 물에 빠질 운인데 이름에다 비를 내리게 해 놓았으니 이름을 고치라는 것이다. 부모님이 그런 찝찝한 말을 듣고 가만히 있을 수 있겠는가. 하지만 이름을 함부로 바꿀 수 없는 일이어서 집안 어른들을 모셔놓고 회의를 열었다고 한다.

먼저 집안 어른들이 물었다.

"왜 이 아이가 물에 빠질 운이란 말이요?"

그 때 그 노인은 우리 집안에 비밀처럼 내려오는 한 사건을 정확히 이야기해서 집안 어른들을 모두 놀라게 했다.

그 신통함에 모두 기가 눌려 이름을 '이영주李泳周'로 바꾸었다. 한자의 틀을 비슷하게 해 놓아야 귀신들이 헷갈린다나? 해석을 하면 '물에 빠지더라도 헤엄쳐서 살아라'라는 뜻이라고 한다.

집안에서 금기시 했던 이야기는 물 사고로 돌아가신 삼촌 이야기였다. 총각인 삼촌은 의과대학 졸업반일 즈음 방학 때 시골에 와서 밤에 친구들이랑 멱 감으러 갔다가 변을 당하셨다고 한다. 그런데 그 삼촌 귀신이 조카인 나에게 붙어 있다나?

그리고 그 노인은 나의 앞길에 대해 이렇게 예언했다. 첫째, 물이 많으니 불을 다스릴 것이고, 둘째, 총각 때 죽었으니 여자가 많을 것이고, 셋째, 사람을 살릴 것이다. 그 당시는 소방관이 될 팔자라고 해석을 했단다.

　그런데 지금 내가 돌이켜보면, 사람을 살리는 것이 의사요, 불을 다스리는 것은 화상을 치료하는 것을 뜻한다. 화상을 치료하는 과는 일반외과와 성형외과 두 군데이며, 그 중에서도 여자가 많은 곳은 일반외과가 아니라 성형외과더라!

　그리고 물에 빠져 죽는 게 아니라, 술에 빠질 운세인 것 같다.

처녀 약국, 성인 약국

'처녀 약국', 처녀가 약국을 열었다고 이런 이름을 붙였단다.

어머니는 일본에서 사시다가 초등학교 4학년 나이에 한국으로 오셨다. 남자 분들은 모두 전쟁 통에 돌아가시고, 외할머니와 이모 이렇게 달랑 여자 세 분만 살아남으신 것이다.

해방 이후의 어수선한 한국생활 중에 6·25 사변이 터졌고 오갈 데 없는 세 명의 모녀는 대구에 정착하게 되었다.

사글세방에 살면서 어머니는 할머니와 이모가 자는 방에서 나와, 추운 바람이 씽씽 부는 마루에서 사과 궤짝을 책상 삼아 촛불을 켜놓고 밤새 공부를 하셨단다. '어떻게 하든 빨리 공부를 끝내고 돈을 벌어야 살 수 있다.'

고등학교를 졸업하면 바로 직업을 구할 수 있는 곳이 사범학교였다. 졸업하면 교사 자격증을 받을 수 있었기 때문이다. 그런데 원서를 내려고 학교에 가보니 남녀공학이라 운동장에서 남학생들이 축구를 하고 있었다. 우리 어머니, 그게 너무 무서워(?) 원서 내는 것을 포기하고 ○○여고에 입학을 하셨다고 한다.

그리고 여고 졸업 후 약대에 입학해 졸업을 하게 되었는데, 그 당시 약방이라는 것이 성행을 할 때라 약국은 힘도 못 쓰는 시절이었다. 게다가 외가에 돈이 없으니 가난한 동네에 약국을 개설하게 되었다. 그런데 그 약국 이름이 기상천외하다. '처녀 약국'. 처녀가 약국을 열었다고 이런 이름을 붙였단다.

그 약국 앞에 유명하고 아주 큰 약방이 있어서 초반에 장사가 시원찮았다. 이웃 사람들이 보니 여러 가지로 '측은지심'이 생기게 되는 경우다. 일본에서 건너온 모녀 둘이서 남자도 없이 살고 있는 측은한 상황이었던 거다.

서서히 동정심에 힘입어 약국이 잘 되기 시작했다. 그러다가 아버님과 선을 보고 결혼을 하게 되어 약국 이름을 바꾸게 되었다. 이제 성인이 되었다고, '처녀 약국'에서 '성인 약국'으로 이름을 바꾸신 것이다. 정말일까 싶을 정도로 우스운 얘기다.

박치기 왕, 김일이

형님의 가르침은 간단했다.
집에 가서 벽에다 하루에 100번씩 왼쪽 이마를 박으란다.

초등학교 시절, 나는 저소득층들이 많이 사는 동네 약국집 아들이었다. 그 당시 나를 무던히도 미워하던 연탄집 아들이 있었다. 그 녀석은 덩치도 나보다 크고 같은 또래 중에서는 힘도 제일 셌다. 내가 자기한테 잘못한 것도 없는데, 부잣집 아들이라고 그냥 미워죽겠는가 보다.

내가 친해지려고 잘해줘도 빈정거리면서 몸을 밀치고, 발을 걸어 넘어뜨렸다. 그러면 다른 아이들도 덩달아 손뼉을 치며 좋아했다. 왜 좋아하는 걸까? 왜? 내가 아파하는 것이 저들에게는 기쁨인가? 내성적인 아이의 어린 마음에 반복해서 메아리치는 질문은 '저들이 나쁜 아이들인가? 아니면 내가 못난 놈인가?'하는 질문이었다.

그러던 중 하루는 사소한 시비 끝에 싸움이 일어났고, 연탄집 아들에게 실컷 맞았다. 말리는 녀석은 하나도 없고, 불쌍한 듯 나를 쳐다봤지만 내심 고소한 표정이었다.

집에 와서 방에 처박혀 아무에게도 얼굴을 보이지 않았다. 끓어오르는 분노로 소리 없이 울다가 벌떡 일어나 밖으로 뛰쳐나갔다. 고개 숙인 채 길을 걸어가는데 '무도'라는 간판이 보였다.

'그래 무술을 배우자. 태권도는 배워 봤지만 별 소용이 없잖아. 조금 색다른 무술이 필요해.'

이런 생각이 들어 나는 용수철 튕기듯이 계단을 올라가 도장 문을 열고 들어갔다. 소파가 있는 사무실이 먼저 보였다. 사람은 없었다. 안쪽에서 작은 구령소리가 들린다. 나는 창문으로 안쪽을 들여다봤다. 아, 그 도장은 무술도장이 아니라 '댄스 교습소'였다. 무도장이라…. 너무 허탈했다.

며칠 고민 끝에 동네 아이들 모두 형님으로 모시는 소위 우리 동네 두목격인 오락실 형님을 찾아갔다. 뇌물도 준비했다, 박카스 5개.

'니가 웬일이고?' 하는 듯한 표정이었다. 싸움 잘하게 가르쳐 달라고 내가 단도직입적으로 말했다. 그 형님은 무료하고 심심하던 차에 재미난 일 하나 터졌다는 듯이 흥미진진하게 내 고민을 들어주었다.

그리고 인상을 찡그리면서 생각을 짜내는 척했다.

나는 박카스를 주머니에서 꺼내 책상 위에 올려놓고 하나를 따서 드렸다. 그 형님이 박카스 맛을 음미하면서 허공을 바라보고 하는 말.

"오호… 키도 작고, 팔도 짧고, 다리도 짧고, 몸에 탄력도 없고…."
하면서 고개를 절레절레 흔들더니 시선을 텔레비전으로 돌렸다. 나는 침을 꼴깍 삼키면서 그 입만 쳐다보았다.

그 때 갑자기 손바닥으로 무릎을 탁 치면서 나를 쳐다보며 하는 말!

"헷띵!"

"헷띵!이 뭔데요?"

"야 인마, 박치기 모르나? 김일이 박치기!"

그 형님이 텔레비전으로 고개를 돌리는 순간 '김일' 레슬링 시합 광고가 나온 것이다. 형님은 나처럼 사지가 짧아 싸움하기에 지극히 불리한 체격의 소유자는 박치기를 연마해야 한다고 설명하기 시작했다.

왼손으로 옷을 잡고 오른손 주먹은 머리 뒤에서 때리려는 긴장감이 흐르는 상황에서 오른손 주먹보다 더 빠른 것은 왼쪽 머리 즉, 이마라는 비방!

그럴 듯한 이야기였다. 뭔가 빛이 보이는 듯도 했다. 다시 물었다.

"그러면 형님, 어떻게 수련하면 됩니까?"

형님의 가르침은 간단했다. 집에 가서 벽에다 하루에 100번씩 왼쪽 이마를 박으란다.

그로부터 두 달 동안 매주 토요일마다 수련을 잘하고 있는지 검사를 받으러 갔다. 검사란 단지 이마를 쓰윽 한 번 쓰다듬는 게 전부였다. 이때마다 나는 엄마 몰래 박카스를 가져갔다.

어느덧 두 달이란 긴 세월이 흘렀고 나의 헤어스타일은 언밸런스가 되었다. 얼마 전 '친구'라는 영화에 그룹사운드 보컬로 나온 불량 여학생의 그 헤어스타일. 거울을 보면 왼쪽 이마가 불룩한 것이 마치 기형아처럼 보였다. 나는 거울 앞에서 왼쪽 이마를 알통처럼 쓰다듬었다. 복수심야!

오락실 형님은 내 이마를 만져보고 '이제 때가 되었다'고 하셨다.

결전의 날, 오락실 형님은 동네 아이들을 불러 모았다. 동네 시합을 한다고 발표하고 1등에게는 부상으로 박카스 2병과 오락실 10일간 무료이용권을 준다고 했다. 와! 와! 아이들이 환호했다.

뒷동산에다 새끼줄 권투 링을 설치하고 모두 모였다. 권투 글러브를 끼고 앞서 몇 명이 싸웠다. 심판은 오락실 형님이 봤다.

드디어 나와 연탄집 아들과의 한 판이다. 녀석은 마냥 의기양양해하고, 동네아이들은 환호했지만, 나는 별로 두렵지 않았다. 나에겐 이마가 있으니까.

이마를 다시 한 번 쓰윽 쓰다듬었다. 심판 형님이 나에게 윙크를 힘차게 한 번 해주셨다. 그리고 양측 선수의 글러브를 잡아 갖다 붙였다. 거리가 딱 맞았다.

"준비, 시작!"

말이 떨어지자마자 나는 번개처럼 몸을 날렸다. 나의 왼쪽 이마는 정확하게 녀석의 얼굴을 강타했고 그 녀석은 그대로 다운되었다. 오락실 형님은 카운트고 뭐고 없었다. 바로 달려와 나의 손을 번쩍 쳐들고 'KO승!' 했다.

환호하는 관중들. 나는 그들에게 그동안 숨겨 왔던 나의 필살기인 불룩한 이마를 보여줬다. 경악하는 동네 꼬마 녀석들! 하하하하. 내 뒤에는 코피를 흘리며 억울한 듯 소리치는 연탄집 아들이 있었다.

그 녀석 씩씩거리며 하는 말,

"엉~엉~엉~ 권투한다고 글러브 끼게 하고는 헤딩하는 게 어디 있노. 엉~엉~엉~"

그날 이후로 동네에서 나를 건드리는 놈은 없었다. 내 별명은 '김일이!'였다.

까스명수와 박카스

연상작용이라는 것이 있다.
어떤 사물을 보면 그로 인해 다른 일들이 생각나는 현상.

연상작용이라는 것이 있다. 어떤 사물을 보면 그로 인해 다른 일들이 생각나는 현상. 약국집 아들로 자란 나와 여동생에겐 박카스와 까스명수에 그런 추억이 스며 있다.

내가 다닌 초등학교는 사립학교였다. 물론 학비도 비싼 편이었고 학생들도 모두 부잣집 아이들이었다. 우리 집 형제는 총 4명인데 누나가 있고 여동생이 둘이었다.

누나는 첫째라 잘 키워 봐야지 하는 심정으로, 나는 외동아들이라 기를 사립학교에 보내주셨다. 여기서 기를 쓴다는 것은 추첨을 통해 그 학교에 입학을 할 수 있는데 내 이름을 3개나 적어내셨다. '이영주', '이주', '이영' 부정선거에나 나올 법한 이야기이지만 하여튼 우리 어머니의 집념이라고 생각하자.

수업을 마치고 하굣길에 친구들 틈에 끼여 떡볶이도 먹고, 사이다도 마시며 군것질을 하게 되었다. 그런데 빈대도 한 두 번이지 매번 얻어먹으니 괜스레 자존심이 상했다. 그래서 내가 한 번 사줘야겠다고 마음을 먹었다.

어머니에게 돈을 좀 달라고 말씀드렸다. 워낙 근검절약하시는 어머니에게 이런 말씀을 드리는 것이 쉬운 일은 아니었다. 어머니는 금고 문을 열고 돈을 주시면서 딱 한마디 하셨다.

"박카스 하나 팔면 얼마 남는지 아나?"

그래서 나는 박카스만 보면 그 때 일이 떠오른다. 그런데 막내 여동생에게도 비슷한 이야기가 있었다. 어릴 적에 막내 여동생은 콜라가 그렇게 먹고 싶었다고 한다. 그래서 약국에서 일하시는 어머니에게 가서 말했다.

"엄마! 나 콜라 먹고 싶어. 콜라 사줘."

그 때 어머니께서 하신 말씀,

"저기 있는 까스명수 하나 먹고 치아라!"

까스명수와 콜라, 그리고 박카스 디.

오토바이

1.

성형외과 레지던트가 된 지 약 6개월 된 어느 날, 당직을 서고 있었다. 밤새도록 환자들이 얼마나 많이 들어오는지 모른다. 대부분 입원시켜야 되는 안면골 골절 환자들이었다. 덕분에 X레이 사진을 찍고 필름을 챙기느라 꼬박 밤을 새웠다.

새벽 5시부터 시작해야 하는 화상 드레싱은 하나도 못하고 아침 회진을 시작하는 병동으로 인턴 선생과 함께 필름을 한 아름씩 안고 헐레벌떡 달려갔다.

선배님들은 밤에 벌어진 사정도 모르고 화난 얼굴이 있었다. 자초

지종을 이야기하고 나니, 그제서야 이해한다는 표정으로 빨리 환자 보고를 해보란다.

한 명씩 필름을 걸어놓고, 보고를 하고 있는데 저 멀리 복도 끝에 과장님의 모습이 보였다. 먼저 발견한 선배가 우리에게 나지막한 목소리로 알려줬고, 우리는 바짝 긴장했다. 일단 복장을 단정히 했다.

의국장은 보고를 빨리 끝내고 회진을 가자고 다그친다. 그 당시 과장님은 성형외과 책을 집필 중이시라 지식이 충만한 상태이셨고, 대회진이 아니더라도 제자들이 눈에 띄면 다가오셔서 항시 가르침을 주시려고 하는데, 우리는 그게 더 괴로웠다. '제발, 오늘은 그냥 스쳐지나가 주시길…' 하고 바라고 있는데, 과장님은 우리에게 점점 다가오고 계셨다.

"어제 당직이 누군가?"

"예, 닥터 리입니다."

"그래 닥터 리. 케이스 하나 프레젠테이션 해봐."

"예!"

무얼 고르나, 잠시 망설이다가 비교적 쉽고 치료방향도 명확한 '관골궁 골절' 환자를 골랐다. 인디케이터를 쭉 펼치고 헛기침도 한 번 하고 보고를 시작했다.

그런데 과장님께 하는 보고 요령은 항상 6하 원칙에 맞춰서 해야 한다. 그리고 발표 중간마다 과장님 얼굴을 한 번씩 힐끔힐끔 봐야 한다. 중간에 틀린 게 있으면 발표를 멈춰야 하는데, 자신이 틀린 것도 모르고 계속 진행하면 더 혼이 난다.

"18세 남자 환자입니다. (힐끔) 어제 밤 10시 30분경, (힐끔) 만평 네거리에서 오토바이를 타고 가다가…"

그 순간 과장님은 눈을 감으셨고, 다른 선배들은 모두 고개를 떨구었다. 과장님이 두 눈을 굳게 감고 화를 참는 모습이 내 눈에 들어왔다. '큰일 났다! 무언가 내 말 중에 잘못된 게 있는데 무엇이 틀린 걸까? 오토바이 악센트가 틀렸나?'

그래서 나는 '바이'에 힘을 주어 다시 말했다.

"오토… 바~~이."

과장님은 떨리는 목소리로 의국장에게 말했다.

"자네는 닥터 리에게 6개월 동안 무얼 가르쳤나!"

횅하니 과장님은 돌아가 버리시고, 국장은 화가 머리끝까지 치미는지 씩씩거린다.

"형님! 제가 뭐가 틀렸나요?"

그 순간 갑자기 별이 보이면서 머리에 번개가 쳤다. 그리고 내 귀에 아련히 들리는 말,

"야, 임마! 오토바이가 아니고 "모~러 사이클이야!"

2.

그로부터 삼년 뒤, 나는 의국장이 되었다. 깨끗한 복장으로 아침 회진을 주관하기 위해 병동을 둘러보러 갔다. 그런데 병실에서 치료하고 있는 의사와 환자의 모습이 보여야 하는데 의사는 보이지 않고 치료를 기다리는 환자와 보호자만 있는 게 아닌가!

평소 좌충우돌하며 난장판을 만드는 1년차 녀석이 어제 당직을 섰는데, 바로 그 녀석이 담당한 병실이다. 아침 드레싱을 한 흔적도 없고, 환자들은 나를 보자 왜 치료를 안하냐고 묻는 게 아닌가.

'아니! 이 녀석이 어디 가서 늦잠을 자나? 아니면 도망을?' 후다닥 병동 스테이션으로 와서 삐삐를 날렸다. 전화가 안 온다. 응급실로 전화를 해도 없다고 한다. 의국원들이 하나 둘씩 병동 뷰박스로 모이는데, 저 멀리 복도 끝에서 인턴 선생과 함께 손에 무언가를 잔뜩 들고 달려오는 1년차.

"야! 임마! 드레싱 하나도 안 하고 뭐하는 거야!"

"어제 밤에 응급실에 들어온 환자가 20명이나 되어, 잠 한숨 못자고 CT 필름 금방 찾아서 오는 길입니다."

"그래? 야, 인마! 니가 일처리를 빨리 못하고, 꾸물거리니까 그렇지. 당직 서면서 그 정도 환자로 헉헉거리면 어떻게 해!"

일단 큰소리는 치지만 환자들이 정말 많이 온 모양이다 싶었다.

"야! 빨리 보고나 해봐!"

필름 꼽고 허겁지겁 보고하는 중에, 옆에 서 있던 2년차가 나지막한 소리로 나에게 전하는 말,

"국장! 과장님 오신다…"

"야! 다들 복장 정비하고 바로 서!"

아, 제발 오늘은 그냥 지나가시면 좋은데…. 그러나 과장님은 그냥 지나치지 않으시고, 제자들에게 오늘도 한 수 지도를 해주시기 위해 우리 무리 앞에 걸음을 멈추셨다. '어째, 이 풍경이 3년 전 오토바이 사건과 비슷한 것 같은데…'라는 느낌이 찌릿하게 온다.

과장님은 역시 어제 당직이 누구냐고 물으시고는 케이스를 하나 보고해 보라고 하셨다. 모두 침을 삼키는 꼴깍거리는 소리만 들릴 뿐, 조용한 분위기에서 당직 1년차가 어떤 케이스를 꺼낼까 하는데만 관심이 집중됐다. 오럴 테스트 제비 뽑는 거나 같다고 할까?

그런데 그 1년차가 뽑은 케이스는 공포의 오토바이 사고와 같은 관골궁 골절사고였다. 어쩜 3년 전에 내가 당한 그때와 이렇게 똑같을까? 인생도 리바이벌이 있네. 평소 눈치 없기로 유명한 저 1년차는 전혀 알 리 없겠지만, 내가 당한 전설의 오토바이 이야기를 아는 의국원들은 모두 미리 고개를 떨구었다. 그리고 발표가 시작되었다.

"17세 남자 환자입니다. 어젯밤 10시 30분경, 달서 네거리에서…"

아, 이제 '오토바이'가 나와야 하는 운명적인 순간이다. 우리는 눈을 질끈 감았다. 그런데 그 입에서 나온 말은,

"모~러 사이클을 타고 가다가…"

아니! 이럴 수가! 우리는 일제히 모두 고개를 쳐들고 그 녀석 아니, 그 선생님 얼굴을 보았다. 어쩜 그렇게 얼굴이 훤해 보이는지…. 이런 경우를 두고 청출어람이라고 하는 거겠지. 그리고 보고는 계속되었다. 이제 뭐 틀릴 것도 없다. 그런데 역시 방심은 금물이라지.

"좌회전하다가 넘어지면서 얼굴을 쎄멘 빠닥에!"

오 마이 갓! 정말 띵하다. 우리는 모두 고개를 떨구었다. 우리에게는 영원히 지워지지 않는경상도 사투리라는 함정이 있었다.

"의국장! 교정해 줘."

"예."

나는 한 발짝 앞으로 가서 그 1년차 앞에 섰다. 그리고 약간 목에 힘을 주고 말했다.

"닥터 김, 쎄멘 빠닥이 아니고 시멘트 바닥이다."

"예."

그리고 당당히 과장님 쪽으로 고개를 돌리는데, 아니! 과장님 눈꼬리가 떨리고 있는 게 아닌가! 순간, '시멘트'의 악센트가 틀렸나 싶어서 과장님 면전에 한 발 쏘았다.

"시! 멘! 트!"

"닥터 리, 자넨 3년간 무얼 배웠나! 쯔쯔쯔."

그러시더니 휭하니 몸을 돌려 가시는 게 아닌가! 아니, 무얼 틀렸지? 다른 의국원들 얼굴을 봐도 모두 오리무중이다. 그래도 나는 의국장 아닌가? 즉, 좀 컸다 이 말이다. 그래서 과장님 뒤로 따라가서 물었다.

"과장님, 뭐가 틀렸나요?"

그때 평생 내 기억에서 오토바이와 더불어 함께 지워지지 않게 되어버린 말!

"닥터 리, 도로 바닥에 까는 것은 시멘트 바닥이 아니라 콘크리트 바닥이야. 콘크리트! 따라해 봐!"

"예! 콘크리트."

이것이 우리 의국에 전설처럼 전해 내려오는 오토바이와 콘크리트 이야기이다.

당구장에서 생긴 일

왕초보는 방금 자기가 얼마나 엄청난 일을 저지른 줄 모른다.
단지 자기가 연습한 공이 성공했다는 생각에 기쁜 미소만 짓고 있다.

당구장에 들어서니 분위기가 심상찮다. 고수들의 진검 승부가 벌
어진 모양이다. 벌써 다섯 시간째 당구를 치고 있단다. 5판 3승제.

구경꾼들이 많이 모였다. 선수는 두 명. 턱에 수염을 기른 염소수
염과 앞머리가 얼굴 반쪽을 덮고 있는 뚱뚱한 반달곰이다. 둘 다 당구
수준이 거의 1000점정도 되는 고수들이다. 구경꾼들의 "굿 샷!", "나
이스 샷!" 소리가 터져 나온다. 이제 거의 막바지 접전이다. "돗대!",
"쌍대!"

그때 마침 음식 배달이 왔다. 고수들은 긴장한 마음도 풀 겸 식사
를 하고 경기를 이어가자고 했다. 당구공은 마지막 포지션에 그대로

놔두고 당구 큐대를 당구대에 올려놓았다. 서로의 자존심이 걸린 중요한 한 판이다. 구경꾼들도 모두 소파에 앉아 담배를 물고 휴식을 취하고 있었다.

당구장 문이 열리고, 주인의 인사를 받으며 당구 왕초보가 들어왔다. 아직 친구들이 오지 않았는지, 고수들이 시합 중이던 당구대 앞으로 다가와 공을 바라보았다.

그러더니 갑자기 당구대에 놓여 있던 큐대를 들고 공을 향해 샷을 날렸다. 저런! 공은 쓰리 쿠션을 맞고 들어갔다.

왕초보는 방금 자기가 얼마나 엄청난 일을 저지른 줄 모른다. 단지 자기가 연습한 공이 성공했다는 생각에 기쁜 미소만 짓고 있다.

너무나 갑작스런 황당한 상황에 넋이 나간 고수들과 구경꾼들. 염소수염은 기가 막혀 말을 더듬는다.

"야~야! 보보… 보소! 지… 지금 머… 했는교? 으응!"

왕초보는 자신이 친 너무나 훌륭한 샷에 관해 질문을 하는 줄 알고 선생님 같은 굵은 목소리로 말했다.

"제가 친 공은 '우라마시'였습니다."

잠시 뒤 왕초보는 비오는 날 먼지가 나도록 맞았다.

미술대회

"엉엉. 그라마 그 주황색이 따발총입니꺼?"

초등학교 5학년 시절. 교내 미술 대회에서 대상을 받았다. 그 당시 내가 다닌 학교는 부잣집 자녀들이 많이 다니는 사립학교인지라 그림이며 음악 등, 상을 타는 종목에 부모들의 관심이 굉장히 높았다. 그래서 우리 반에는 전문미술학원을 다니는 애들도 많고, 그림 실력이 뛰어난 친구들도 많았다.

나는 미술에 소질이 있다는 생각을 한 적이 없고, 미술학원에 다녀본 적은 더더욱 없었고, 그냥 집에서 방바닥에 엎드려 연습장 가득 만화만 그리던 아이였다.그런데 내가 그린 그림이 입상을 했다는 것이다. 그것도 대상을!

그날 그림의 주제는 탈춤이었다. 나는 만화를 그리듯 여러 종류의 탈을 정밀묘사 했다. 그런데 탈만 그리다 보니 끝날 시간이 다 되었다. 그래서 탈춤을 추는 사람들의 옷이며 주위의 풍경은 연한 색으로 은은하게 칠해서 후다닥 마무리했다. 그림을 선생님께 재출하면서 상을 타리라고는 꿈도 꾸지 않았다.

그런데 세상일이란 게 참 요지경이다. 그렇게 잘 그린 그림들을 놔두고 어찌 내 그림이 미술 선생님 눈에 잘 띄게 되었을까?

며칠 뒤, 조회시간에 상장을 받았다. 상을 못 받아서 우는 아이도 있었다. 내 그림보다 훨씬 잘 그렸던데…. 은근히 미안한 생각이 들기도 했다. 나중에 들은 이야기지만 너무 잘 그린 그림은 학원에서 배운 티가 많이 나서 심사할 때 좋은 점수를 못 받는단다.

입상한 그림들은 복도에 일주일간 걸려 있었다. 그 복도를 지나가면 심장이 뛰고, 얼굴이 빨갛게 되었다. 누가 날 쳐다보는 것 같기도 하고. 바보처럼…. 상이란 걸 생전 처음 탔으니 그럴 만도 했다.

하여튼 기분은 째졌다. 인생은 '새옹지마'라 했던가? 그림 대상이란 걸 받고 난 뒤 또 다른 일이 생겼다.

교내 미술 대회의 목적은 한 달 뒤에 열릴 전국 초중고 미술대회의 학교 대표를 뽑기 위함이었다. 많은 학부형들이 자기 아이를 이 대회 대표로 넣기 위해 그렇게 노력을 기울였건만, 정작 기대도 하지 않았던 내가 하필 대표 명단에 이름이 오르게 되었던 것이다.

그 후 한 달 동안 매일 방과 후에 그림을 그리게 되었고, 완성된 그림은 아주 엄하게 평가를 받는 혹독한 훈련(?)을 받게 되었다.

나는 그림의 기초가 없어서 나날이 고되고 힘이 들었다. 그런데 나를 대상으로 뽑으신 미술 선생님은 항상 느긋한 표정이시다. 그림 검사를 받으러 가면 다른 아이들보다 더 오래 보셨다. 그리고 남에게 없는 특별한 재주가 있다는 말을 하시며 격려를 해주셨다.

그 한 달 중 어느 날, 노랗게 물든 은행나무와 울긋불긋 물든 단풍 나무를 주제로 한 풍경화를 그리고 있었다. 3학년 담임선생님께서 운동장에 자전거를 타러 오셨다가 그림을 그리는 우리에게 오셨다. 그리고 그림을 하나씩 감상하시다가 내 그림 앞에 딱 멈추고는 움직이지 않으신다. 나는 마음이 몹시 불편했다. 그만 지나가시지!

그 선생님은 주위를 이리저리 살피시더니 나에게 물감과 붓을 달라고 하셨다. 갑자기 불안한 마음이 물밀듯이 밀려온다. 이 선생님은 미술 선생님도 아니시고, 평소 약간 괴짜 선생님으로 통하시는 분인데. '설마 오늘 그림에 장난치시려는 것은 아니겠지?'

순식간에 믿기지 않을 일이 눈앞에서 벌어졌다. 그 선생님은 팔레트에 주황색 물감을 쭈욱 짜서 붓에 묻히시고는 노랗게 칠해놓은 은행나무에다가 냅다 덧칠을 턱턱턱 해버렸다. 이런! 내 얼굴은 우거

지상인데 그 선생님은 그림을 보며 즐거운 모양이다. 나는 거의 우는 듯한 소리로 물었다.

"선생님예~ 노란 은행잎에 주황색을 칠해버리마, 나는 우야란 말입니꺼? 엉엉. 곧 검사 맞을 시간인데. 엉엉."

"야 임마, 전쟁하는데 똑같은 총 들고 싸우마 이기겠나? 적들이 소총 들고 나오마 니는 따발총 들고 나가야 이길 것 아이가?"

"엉엉. 그라마 그 주황색이 따발총입니꺼?"

"그래. 임마. 미술 선생한테는 내 이야기 절대로 하마 안 된데이."

따릉따릉. 나는 그림을 들고 미술 선생님에게로 갔다. 아이들은 검사할 그림들을 교실 한쪽 창가에 세워 놓았다. 나는 내 그림이 너무 부끄러워 몸으로 가리고 있다가 구석에 제일 마지막으로 세웠다.

창밖으로 보이는 가을 풍경이 어째 좀 쓸쓸해 보인다. 선생님께 야단맞기 직전에 교무실 복도에 서 있는 분위기처럼. 서서히 날이 저물고 있었다.

선생님이 드디어 등장해서 앞에서부터 그림 검사를 시작하신다. 꾸중도 하시고, 칭찬도 하면서 점점점 내 그림 가까이 오신다. 검사를 받은 아이들은 다른 그림을 구경하려고 선생님 뒤편에 우르르 몰려다닌다. 드디어 선생님께서 내 그림 앞에 섰다.

그림이 부끄러워 돌돌 말아서 들고 있다가 세웠더니 그림이 안쪽으로 말려 있었다. 내가 고개를 숙인 채 미리 반성하는 눈빛을 하고 있었더니 선생님이 그림을 펴서 들어보란다. 그림을 펴는 순간, 아이들이 갑자기 웃음보가 터진 듯 킥킥거렸다. 수근거리는 소리도 들리고, 입을 틀어막고 웃음을 참는 아이들도 있었다.

그런데 선생님께서는 아무 말씀도 안 하시고, 뚫어져라 그림만 보고 계셨다. 선생님의 엄숙한 표정에 압도되어 다른 아이들도 웃음을 멈추고 조용해졌다. 5초 정도 흘렀을까? 적막을 깨고 어느 여학생이 이런 말을 했다.

"야~아! 그림이랑 똑같네? 신기하다."

그 순간 모든 사람이 그 아이가 보고 있는 쪽으로 고개를 돌렸다.

창밖으로 보인 풍경은 내가 그린 커다란 은행나무에 노을이 스며든 모습이었다. 그 순간 온몸에 전율이 느껴졌다. 그리고 귀가 멍해지면서 아무 소리도 들리지 않았다. 어깨를 툭툭 치면서 잘 그렸다는 미술 선생님의 말씀과 미소 짓는 아이들의 얼굴이 보였다.

얼마 뒤 전국 미술대회가 열렸다. 내가 입상을 하지는 못했지만 여러 명의 실력 있는 우리 학교 친구들이 입상을 해서 기뻤다. 미술대회는 그렇게 막을 내렸다.

그리고 은행나무에 칠한 주황색은 내 기억에서 지워지지 않았다. 남과 똑같이 해서는 이길 수 없다.

살색 화이바

복도를 쩡쩡 울리는 말발굽 소리!

어느 고등학교에나 약간 삐딱하게 나가는 녀석들이 있다. 그 중 한 녀석의 이야기다.

그는 반발심의 표시로 머리를 스님보다 더 미끄럽게, 완전히 삭발해 다닌다. 게다가 수업 중에 선생님 눈을 부시게 하려고 오일까지 바른다. 그리고 창가 자리에 앉아 제 머리가 거울인 양 빛 반사를 시켜 본다며 고개를 갸우뚱거린다.

이에 열을 받은 우리 열혈남아 선생님! 분필을 그 머리를 향해 발사했다. 고마 그때 맞으면 끝인데…. 만약에 안 맞았거나 혹은 무심코 반사적으로 피했다면 그 녀석, 그날은 초상날이다.

분필 지우개 발사! 슬리퍼 발사! 그대로 달려와 비오는 날 먼지 나게 퍽퍽! 퍼~억 때린다. 그렇게 일주일에 며칠씩 당하는 데도 그 녀석은 그게 재미있는가 보다.

교실에서 먼지가 많이 난다고 전교생 모두 슬리퍼를 신도록 되어 있었다. 그런데 이런 류의 녀석들은 하라면 꼭 안 한다. 반드시 선생님 화병이 나게 한 다음에 한다.

며칠 뒤, 그 슬리퍼 때문에 그 녀석 머리에 퍼렇게 멍이 들었다. 왜 슬리퍼를 안 가져오냐는 질문에 집에서 돈을 안 준다나? 그래서 선생님께서 집에 있는 것을 가져오라고 하셨다. 그 다음날 복도를 쩡쩡 울리는 말발굽 소리! 삭발 머리 녀석이 신고 온 것은 엄마의 빼딱구두_{하이힐과 유사한}였다.

그런 녀석이 등하교 때 모~러사이클 타고 다닌다. 어느 고물상에서 하나 구입했는지 시동을 거는 데 20분 정도 걸린다. 그리고 고글 안경은 쓰는데, 헬멧은 꼭 안 쓴다. 그래야 순경들 약을 올리니까.

그러던 어느 날 학교 앞 네거리에서 언젠간 반드시 일어날 것이라고 예상했던 오토바이 사고가 났다. 그게 나진 것은 아니있지만 내 눈앞에서 일어난 사고였다. 차와 부딪힌 게 아니고 짜장면 배달하는 모~러 사이클과 부딪힌 것. 철가방이 날아가면서 짜장면 파편, 짬뽕 국물이 팍 쏟아져 도로가 난장판이 됐다.

철가방 아저씨는 벌떡 일어났지만 이 삭발머리는 멋쩍었던지 많이 다친 척 계속 눈감고 누워만 있었다. 그런데 그 네거리는 항상 순찰차가 서 있는 곳이었다. 삭발머리는 그동안 학교 밖에서는 그 순찰차 순경들 약 올리는 재미로 살았던 터였다.

그런데, 바로 순찰차 앞에서 일어난 사고라 순경들이 고스란히 그 광경을 다 봤다. 순경들은 삭발머리가 꾀병인 줄 일찜감치 알아차렸다.네거리에 차들이 밀리게 되자, 순찰차 지붕에 있는 확성기에서 소리가 났다.

"아! 아! 마이크 테스트. 어이, 거기 도로에 누워 있는 살색 화이바! 살색 화이바! 일어나라. 말로 할 때 일어나라!"

그 순간 네거리는 웃음바다가 되었다.

현금 인출 박스

비 오는 저녁에 여럿 눈물나게 만드는 슬픈 영화처럼.

비가 오는 저녁 열 시경, 거리엔 사람들이 별로 보이지 않는다. 가끔씩 차들이 지나다닐 뿐, 한적한 길에 우산을 쓰고 가던 한 여자가 있었다. 어제 먹은 음식이 탈이 났는지 아침부터 계속 화장실을 자주 들락거렸다. 그런데 하필 집으로 귀가하는 길에 갑자기 아랫배가 사르르 아프기 시작했다. 조금만 빨리 걸으려 해도 금방 어떻게 될 것 같다. 고지가 바로 저긴데, 으~ 급하다!

비만 안 내렸어도 구석에서 거사(?)를 치루련만. 어쩌지? 일단 구인구직 가판대에 있는 비에 덜 젖은 신문지 하나를 움켜잡았다. 그 순간 그녀 앞에 운명처럼 불이 켜진 모 은행 현금인출기 박스가 보이는 게 아닌가! 주위에는 아무도 보이지 않는다. 이런 늦은 시간에 더군다나 비도 오는데 현금 인출기에 올 사람도 없을 것이고, 빨리 일 보면 단 1분이면 되니까. 선택의 여지가 없다! 에라 모르겠다.

일단 문을 열고 박스 안으로 들어갔다. 문 밖에 아무도 없는지 한번 더 살피고 신문지를 바닥에 펴고 바지를 내리자마자 그대로…! 또 한 번…! 휴~우! 살았다. 눈물이 다 났네. '아! 예수님, 정말 감사합니다.'

그런데 여유가 생겨 고개를 들고 위를 보니, 엄마야! CCTV! 그것도 그녀에게로 정조준 되어 있다. 거사는 치루었지만 얼굴 노출 상태가 거의 증명사진 수준이니…. 고약한 녀석에게 걸려 몰래카메라처럼 인터넷에 삽시간에 퍼져버리면 큰일이다. 일단 뒤처리를 깔끔하게 해서 선처를 바래야겠다.

곱게 신문지를 여러 겹으로 접는다. 최대한 성의를 다하고 있는 듯 보이게…. 내용물에 AQUA물 성분이 많은지라 종이에 구멍이 뚫려 흐르면 낭패이니 조심 또 조심. 마침 인출기 옆에 있는 돈 봉투가 보인다. 다행이다!

작전은 이렇게 세웠다. 봉투를 두 겹으로 해서 곱게 접은 신문지를 넣고, CCTV에 바닥이 깨끗하다는 걸 증명하고, 밖으로 잽싸게 나와 도로 옆 휴지통에 골인시킨다.

문을 열어 우산을 펼치고, 휴지통을 한 번 쳐다보고 한 발짝 나서는데, 갑자기! 뒤에서 부르릉! 하는 소리와 함께 불빛이 환해지면서 오토바이가 달려와 그 돈(?) 봉투를 탁, 하고 채 가는 것이 아닌가!

　너무나 놀라 뒤로 벌렁 넘어지면서 물끄러미 쳐다본다. 그 오토바이 탄 녀석, 보란 듯이 봉투를 한 손으로 치켜들더니 자기 잠바 안으로 척 집어넣으면서 유유히 비가 내리는 도로를 가로질러 간다.

　'이런 경우 "강도야!"라고 고함치며 울어야 하나? 아니면 웃어야 하나? 하여튼 그 녀석 가슴은 따뜻하겠다.'

　비 오는 저녁에 여럿 눈물 나게 만드는 슬픈 영화처럼… 아, 너무 슬프지 않나요? 여러분, 경제가 너무 어렵습니다. 주위의 불우한 이웃을 도우며 삽시다. 그리고 소식小食 합시다!

붕어파派 이야기

붕어파는 요즘 종수 덕분에 일주일에 서너 번씩 '야간 산행'을 한다.

사십 중반이 되어 사회에서 알게 된 여덟 살 아래 동생이 있다. 동생의 이름은 종수이다. 지금부터 하고자 하는 이 이야기에는 그 동생의 순수한 마음이 잘 담겨져 있다.

어느 휴일, 골프를 치고 있는데 종수한테서 전화가 왔다.

"행님! 종숩니다. 공이 잘 맞습니까? 행님!"

"어! 종수구나. 공 잘 안 맞는다. 웬일이고?"

"행님 보신시켜 드리려고 제가 어제 밤낚시 한 참붕어 일곱 마리를 압력밥솥에 넣고 푸욱 꼬아서 엑기스를 만들고 있습니다. 행님. 골프 마치시고 저녁 식사하는 자리에 갖다드리겠습니다. 행님."

"붕어 엑기스? 한 번도 먹어 본 적이 없는데! 아무튼 정말 고맙데이. 종수야."

골프 동반자 중 두 명은 종수와 친한 동생들이고 한 분은 나보다 세 살 위인 형님이셨다. 그런데 대화 내용을 들은 동생들의 표정이 일그러졌다.

"형님! 붕어 엑기스 드셔보셨습니까? 그거 많이 비린데."

골프를 마치고 저녁 식사는 삼계탕을 하는 식당으로 갔다. 주요리가 나오기 전에 서비스로 나온 닭똥집과 인삼주를 마시고 있는데 종수가 도착했다. 그리고 밀폐 용기에 담긴 곰탕 색깔의 붕어 엑기스를 꺼내 놓더니 맥주 컵에 넉 잔 가득 엑기스를 부었다.

붕어 엑기스를 만들려고 이틀 동안 저수지에 개 사료를 뿌리고, 어제 밤새도록 낚시를 한 후 거의 다섯 시간동안 끓여서 만든 정성어린 참붕어 엑기스라는 종수의 설명을 들었다.

냄새를 맡아보니 고소한 참기름 냄새와 물고기 특유의 비린내가 약간 난다. 종수의 정성어린 마음의 선물인지라 나는 주저 없이 원샷!을 하고 입술을 쓰윽 닦았다.

엑기스가 목구멍으로 넘어간 지 3초쯤 지나니 갑자기 속이 울렁거리면서 토할 것 같은 느낌이 들었다. 그러나 종수의 정성을 생각하며 아무렇지도 않은 듯 목으로 올라오는 구토증을 꾹 참았다. 내가 시원하게 마시는 모습을 본 종수가 해맑게 웃었다. 그리고 이전에 붕어 엑기스를 경험한 두 동생들은 얼굴을 잔뜩 찡그리고 있다.

"국현아, 정훈아! 너거들도 빨리 한 잔 쭈욱 마셔라. 응!"

"예, 형님."

국현이는 아예 코를 막고 들이키고, 정훈이는 눈을 찡그리면서 들이킨다. 그 모습을 보고 있으니 내 속이 다시 울렁거렸다. 엑기스를 마신 세 명은 약간 얼굴이 붉어지면서 울렁거리는 속을 달래려고 침을 꿀꺽 삼켰다.

그 광경을 보고 있던 알버트 형님은 아예 엑기스 잔을 상 밑으로 숨겨 놓았다. 종수는 계속 붕어 엑기스가 남자의 스태미너에 최고라는 이야기를 하고 있다.

"행님! 맛이 괜찮습니까? 행님이 잘 드시니까 기분이 좋습니다. 제가 엑기스 만들 때 집에서 담은 순수 유기농 참기름을 조금 부어서 비린내가 덜 날 겁니다. 그래도 영주 행님은 비위가 아주 좋은 것 같심더. 행님~."

"종수야 정말 고생했고, 고맙데이~."

문제는 알버트 형이 상 밑에 숨겨놓은 붕어 엑기스 한 잔이다. 종수도 상 밑에 자기가 정성껏 만들어 온 엑기스가 있다는 걸 안다. 붕어 이야기를 하면서도 눈은 상 밑에 숨겨진 잔에 가 있다. 나도 자꾸 신경이 쓰인다. 얼마나 고생해서 만들어 온 엑기스인데…. 종수가 섭섭해 할 걸 생각하니 못내 마음이 아팠다.

나는 상 밑에 있는 잔을 내 앞에 놓으면서 이렇게 말했다.

"형님. 그래도 종수가 그마이 고생해서 만든 긴데 남기면 되겠습니까! 제가 마시께예!"

종수는 너무 기뻐하면서 박수를 치고, 다른 두 동생은 '설마 마시겠나' 하는 표정들이다.

종수 왈,

"우와! 영주 행님이 제가 본 사람 중에 비위가 가장 센 분인 것 같심더. 우와!"

그런데 그냥 원샷하면 토할 것 같다. 눈앞에 소금이 있길래 조금 뿌렸다. 냄새를 없애기 위해 인삼주를 태우고 젓가락으로 저었다. 심호흡을 크게 한 번하고 원샷! 크~! 너무나 기뻐하는 종수와 점점 더 찡그리게 되는 몇몇 얼굴들. 우욱!

다음날 병원 원장님들에게 붕어 이야기를 해줬다. 내가 너무 실감나게 이야기를 했는지 들으면서도 속이 울렁거린단다.

며칠 뒤 종수가 점심을 같이 먹으려고 병원에 왔다. 진료가 아직 끝나지 않아 종수는 대기실에 앉아 있었다. 인사성 밝은 종수가 수술실로 올라가는 예 원장님을 발견하고 쪼르륵 달려가 인사를 한다.

예 원장님은 종수를 본 순간 붕어가 떠올랐다.

"그래 종수야, 붕어 엑기스 이야기 들었다. 영주 형을 위한 니 마음이 참 흐뭇하다."

그 말에 종수는 기분이 좋아졌다. 그런데 예 원장님의 입술이 종수의 눈에 들어왔다. 며칠 전에 과로를 한 탓에 예 원장님 입술이 부르터 있었다.

"행님도 붕어 엑기스 만들어 드리까예?"

기꺼이 다시 한 번 고생을 각오한 비장한 표정의 종수. 예 원장님은 아연실색을 하면서, 황급히 수술실로 줄행랑을 쳤다.

"아이다, 종수야. 나는 안 먹어도 된다."

그 날 이후로 붕어 엑기스를 맥주잔으로 원샷한 세 명과 종수를 붕어파派라 불렀다. 붕어파는 요즘 종수 덕분에 일주일에 서너 번씩 '야간 산행'을 한다.

"행님! 수술 많이 하시는 것도 좋지만 건강을 챙기셔야 합니다. 그래야 늙어서도 같이 골프치고 재미있게 지낼 거 아닙니까?"

종수는 의사를 고치는 참 의사다.

명품과 문신 그리고 계급장

'어떤 종류의 사람들과 사귀며 지내는가.'
이것이 우리에게는 계급장이 아닐까?

병원 근처에 있는 사우나에 갔다. 출입문을 열고 증기 자욱한 탕으로 들어서는 순간 웬 용龍 문신들이 그렇게나 많은지…. 구석에서 조용히 샤워를 하고 나왔다.

나중에 들은 얘기인데 조직원 한 명이 출소해서 파티를 하는 날이란다. 그런데 저 사람들은 왜 저렇게 문신을 할까? 자기 몸이 도화지인 줄 아나?

가만히 생각해 보면 그들에게 문신은 계급장인 것이다.

나는 포항에서 예비군 동원훈련을 5년 간 받았다. 그것도 해병 제1사단에서 우락부락한 예비역 하사관들과 같이…. 훈련 담당관이 계급에 관계없이 명령을 내려야 하므로 동원훈련에 가면 계급장 달린 군복은 모두 벗으라고 한다.

그러나 동원 훈련에 참가한 다섯 명 남짓 되는 예비역 의무 장교들은 계급장 달린 군복을 벗지 않으려고 무던히도 애를 썼다. 왜냐하면 계급장이 있으면 다른 사람들한테 무시당하거나 봉변을 당하지 않기 때문이다. 즉, 최소한의 체면은 지킬 수 있는 것이다.

그러던 어느 날 너무 더워서 너 나 할 것 없이 옷을 벗고 목욕탕에서 샤워를 하는데 내가 메인 밸브를 건드렸나 보다. 다른 수도꼭지에서 물이 나오지 않자 거품을 머리에, 몸에 바른 채 나를 향해 째려보면서 터져 나오는 욕지거리들,

"야!", "인마!", "니가? 밸브 잠갔나!!"

나는 태연하게 밸브를 열어주고 옷을 입고 나왔다.

그때 조직 아저씨들이 왜 용 문신을 하는지 문득 궁금해졌다. 하마터면 봉변당할 뻔 하지 않았나. 이마에다 대위 계급장 문신을 할 수도 없고…, 목욕탕에 갈 때 계급장 달린 모자라도 쓰고 들어가야 하나?

그 날 이후로 '사회에서 우리에게 계급장과 같은 것은 무엇일까?'라고 생각해 봤다. 명품 시계, 구두, 옷, 안경 등등과 고급 외제차, 비싼 아파트 등을 계급장이라 여기는 이들이 많다.

물론 그렇기도 하다. 그렇게 차려 입고 외제차를 타면 다른 사람

들이 막 대하지는 않으니까. 그러나 가만히 생각해보면 진정한 계급장은 그 사람 주위에 있는 사람이다. '어떤 종류의 사람들과 사귀며 지내는가'. 이것이 우리에게는 계급장이 아닐까?

그러나 이런 만남을 이용하는 부류들도 많다. 내가 누구누구와 잘 아는 관계다, 어떤 모임의 멤버다 등등으로 주위에 있는 사람을 계급장으로 여기기도 한다.

어떤 종류의 사람들과 사귀는지는 중요한 것이다. 그러나 그 만남이란 것도 종류가 있다.

만남

정채봉

'가장 잘못된 만남은 생선과 같은 만남이다.
만날수록 비린내가 묻어오니까.'

'가장 조심해야 할 만남은 꽃송이 같은 만남이다.
피어 있을 때는 환호하다가 시들면 버리니까.'

'가장 비천한 만남은 건전지와 같은 만남이다.
힘이 있을 때는 간수하고

힘이 다 닳았을 때는 던져 버리니까.'

'가장 시간이 아까운 만남은 지우개 같은 만남이다.
금방의 만남이 순식간에 지워져 버리니까.'

'가장 아름다운 만남은 손수건과 같은 만남이다.
힘이 들 때는 땀을 닦아 주고
슬플 때는 눈물을 닦아 주니까.'

'당신은 지금 어떤 만남을 하고 있습니까?'

눈물 젖은 왕만두

절체절명의 순간 나는 비장의 멘트를 날렸다. 태연하게.

어제 포항에서 선배가 딸을 수술시키러 왔다. 수술이 끝나고 점심 시간, 선배와 같이 식사를 하려고 후다닥 옷을 입고 나가니, 자신은 먼저 먹었다며 점심 먹으러 가란다. 밖엔 비가 내리고 약속한 사람도 없는데 등 떠밀려 병원을 나왔다.

우산을 들고 동아백화점 앞 미성당 분식까지 갔다. 웬 사람이 그리도 많은지…. 우동 한 그릇에 왕만두 3개를 시켰다. 아뿔싸! 음식은 거의 다 먹어 가는데 지갑이 없다. 실장에게 전화를 걸어 '동백' 앞으로 오라고 했다.

손님은 계속 들어오고 자리는 없고, 주인은 계속 나를 노려본다.

나의 우동 그릇은 바닥을 보인 지 오래다. 주인이 쟁반을 들고 나의 테이블로 점점 가까이 온다. 절체절명의 순간, 나는 비장의 멘트를 날렸다. 태연하게.

"왕만두 하나 포장!"

기세에 눌린 주인이 다시 돌아갔다. 아, 눈물 젖은 왕만두. 그런데 실장이 아직 오지 않는다. 핸드폰으로 들어온 메시지에는 '바로 앞'이라 했는데…. 전화를 해보니, 오 마이 갓! 실장이 있는 곳은 동아쇼핑센터 앞이었다.

대구에서는 동아백화점을 '동백'이라 부른다. 그리고 동아쇼핑센터는 따로 있다.

닌자 이야기

순식간에 상주들이 일본 영화의 닌자처럼 스르르 나타나 일렬로 열을 맞추고 '에고 에고⋯.' 곡을 하기 시작했다.

나이가 드니 지인들의 부모님이 돌아가셔서 문상을 가게 되는 경우가 많다. 일요일, 부친상을 당했다는 선배님의 부고 문자가 왔다. 동산병원에 입원하시면서 몇 번 통화를 한 적이 있었던 터다. 그런데 발인이 수요일이라고 하니 벌써 걱정이다. 월요일부터 수요일까지 매일 저녁모임이 있기 때문이다. 점심시간에 얼른 다녀와야겠다.

월요일, 문상 복장으로 출근했지만 정작 문상은 못 가고 말았다. 화요일, 역시 문상 복장으로 출근해 점심시간에 택시를 타고 동산병원에 갔다. 식사는 문상을 하고 난 후 국밥을 먹을 예정이다.

그런데 동산병원 장례식장에 선배 이름이 없다. 전화해보니 경북

대학교 병원이란다. 동산병원에서 별세하셨는데 왜 경북대학교 병원에 가셨을까. 점심시간은 짧은데…. 어쨌든 문상을 해야겠다.

급히 경북대학교 병원에 갔다. 그러는 사이 수술 예약 환자가 왔다고 우리 병원에서 전화가 왔지만, 오늘은 기필코 문상을 해야 한다. 경북대학교 병원 장례식장에 가보니 복도가 삼단 조화로 완전히 숲을 이루었다. '꽃집 참 잘 되겠다'는 생각이 든다. 어느 방 입구에 우리 병원 이름이 적힌 조화가 보였다. '요셉성형외과'라고 얼마나 크게 적혀 있는지 흐뭇하다.

점심시간이라 문상객도 없고 상주들도 안 보인다. 쉬는 시간인가 보다. 부조함에 봉투나 넣고 빨리 가야겠다. 향을 피우는 상 옆에 박스가 보였다. 인기척도 내지 않고 미끄러지듯이 부조함 앞으로 스윽 다가갔다. 그리고 봉투를 함에 넣으려는 순간, 뒤에서 작은 헛기침 소리가 들렸다.

그러자 순식간에 상주들이 일본 영화의 닌자처럼 스르르 나타나 일렬로 열을 맞추고 '에고 에고….' 곡을 하기 시작했다. 나는 향을 피우고 상주들과 맞절을 했다. 상주 한 분이 인사를 건넨다. 선배님의 이름을 말씀드리고 후배라고 했다.

그러자 그 분이 이렇게 말했다.

"옆방입니다."

대통령 꿈

두 선생들이 박정희 장군이라는 소리를 듣자
갑자기 택시 안이 시끄러워졌다.

　레지던트 시절 안동 성소병원에 6개월간 파견을 갔다. 2개월씩 세 번을 가게 되었는데 힘든 레지던트 시절 안동에 파견을 가보니 그곳은 지상 낙원이었다. 사택도 있어서 가족과 오붓하게 꿈같은 생활을 했다.

　그런데 안동은 터가 센 자리라고 했던가? 이상한 일들이 하나씩 터졌다. 파견 나왔던 소아과 선배가 주말에 대구에 가서 아파트 베란다에서 목을 맸다. 전혀 이상한 전조가 없었다고 한다. 가족들과도 아무런 문제없이 잘 지냈다는데, 그 선배가 묵었던 안동 숙소에는 아무런 단서가 없었다. 가장 최근에 읽은 책이 '윤회'에 관한 것이었다는 것 말고는….

그 선배는 윤회를 바랐던 것일까? 병원 전체에 감돌던 섬뜩한 기운은 어느새 아무 일도 없었다는 듯이 사라졌다. 죽음이 안타까운 이유는 '잊힘'이라 하지 않던가. 그렇게 우리는 잊고 또 잊히면서 살아가고 있었다.

밤새 비가 오던 어느 날 밤, 내내 잠을 못 이루고 있다가 거의 새벽이 다 되어 잠을 자게 되었다. 아침에 눈을 떴더니 온 몸이 얼마나 무거운지 밤새 누구에겐가 두들겨 맞은 듯했다. 그런데 마치 영화를 본 듯이 방금 꾼 꿈이 너무나 생생하게 기억이 나는 것이었다.

꿈 이야기는 대충 이렇다.

초등학교 교실인데 나는 학생이고 담임선생님은 박정희 대통령이다. 그런데 선생님이 떠들고 장난치는 애들은 못 본 척하면서 자꾸 나를 꾸중하신다. 그러다가 돌담길을 담임선생님과 함께 걷는다. 분위기로 보아 가정방문을 가는 길인 것 같다. 이 기회에 선생님께 대접을 잘 해드려서 더 이상 야단을 맞지 않아야겠다는 생각이 든다.

저 멀리 집이 보인다. 전형적인 시골집이다. 신고 있던 검정 고무신을 하늘로 날리면서 집으로 달려 들어갔다. 방문을 열고 들어가면서 어머니를 찾았다. 그런데 항상 집에 계시던 어머니는 안 계시고 아버님께서 방 안에 앉아계시는 게 아닌가?

그런데 아버님의 다리가 보이지 않는다. 즉, 일어설 수가 없다. 어머니를 찾으려고 뒷문으로 달려 나갔다가 허탕을 치고 다시 돌아왔다. 순간 선생님이 걱정이 되어 아버님께 물었다.

"아버님! 선생님은요?"

"아까 문을 열고 '들어가란 말이냐, 나가란 말이냐' 하더니 화를 내면서 문을 닫고 나가시더라."

문을 열고 마루에 나가보니 조그만 상에 비어 있는 흰 사기 밥그릇과 그 옆에 쏟아진 흰 쌀밥이 보였다. 얼마나 화가 나셨으면 "내 먹었다치마" 하면서 밥을 쏟아 붓고 가신 걸까.

꿈을 꾼 그날은 병원 출근시간이 늦어져서 꿈 얘기를 마누라에게 해줄 겨를도 없이 헐레벌떡 뛰어 나갔다. 쏜살같이 한달음에 달려 병원에 도착했다. 사택은 병원 뒤편 언덕에 있어서 차를 타기에는 너무 가깝고, 달리기에는 무척 숨이 차는 거리였다.

오전 내내 환자가 거의 없었다. 심심해서 신문도 보고, 책도 읽다가 의사 휴게실에 갔다. 그 곳에서는 종종 카드나 고스톱 판이 벌어지곤 했다. 휴게실은 평소와는 달리 사람들이 북적거리지 않았다. 평소 환자들이 잘 오지 않는 두 명의 선배만 앉아 있었다. 카드를 치려고 해도 두 명 뿐이라 심심하던 차에 내가 휴게실로 들어서자 얼마나 반가워하던지….

그런데 나는 카드를 잘하지 못 한다. 카드를 못 한다고 사양했는데 판돈을 적게 해서 재미삼아 한 번 하자고 사정사정이다. 그래서 카드가 돌아갔다. 그런데 그 날 나는 백전백승이었다. 카드가 다 보이는 것은 아니지만 상대방이 무엇을 들고 있는지 어렴풋이 느껴졌다.

그날 밤 11시까지 카드를 치다가 집에서 불이 나게 걸려오는 전화 때문에 그만 파장을 하게 되었다. 거금을 들고 우쭐거리며 일어서는 나와 뭣 씹은 듯한 표정의 기죽은 도박꾼들.

매일 밤, 카드에 진 선생들의 성화에 못 이겨 밤늦게 들어갔더니 화가 난 마누라는 토요일 오후에 애들이랑 대구로 훌렁 떠나버렸다. 그리고 일요일 오전, 응급실에서 안면 열상 환자가 있다고 호출이 왔다. 응급실에 들렀다가 갈 데 없는 홀아비 신세가 되어 병원 휴게실로 갔다. 마침 나에게 내내 돈을 잃은 선생님 둘이서 처량하게 앉아 있었다. 환하게 웃으면서 등장한 나를 보더니 찡그린 표정으로 고개를 설레설레 흔든다.

"오늘 카드 안 친다! 이러다가 거지 되겠다. 야! 그동안 딴 돈으로 점심이나 한 끼 사라!"

매운탕을 먹자고 해서 택시를 타고 안동댐으로 갔다. 안동댐은 처음 가보는 길이었다. 시원한 경치를 구경하면서 차가 달리고 있는데 갑자기 몸에 섬찟한 느낌이 들었다. '왜 이러지 또?' 그때 도로 중앙에 나무가 한 그루 잘려 있는 게 보였다. 그리고 얼마 떨어지지 않은 곳에는 나무가 잘리지 않은 채 서 있었다. 이상하다.

왜 저런지 운전사에게 물어보니, 댐 공사할 때 무당이 나무 두 그루를 자르면 사람이 죽는다고 절대 자르면 안 된다 난리를 쳤단다. 그런데 서울 사람인 현장소장은 미신이라면서 나무 한 그루를 잘랐고, 며칠 뒤 사람이 죽었다고 한다. 그래서 그 뒤에 서 있는 나무는 손을 대지 않았단다.

이미 다 아는 식상한 얘기인 듯 뒤편에 앉은 선배들은 관심이 없어 보였다. 그런데 결정적인 그 뒷이야기. 그 무당이 얼마 전 여성중앙이란 잡지에도 나왔는데, 그 무당이 모신 신이 박정희 장군이란다. 박정희 대통령!

두 선생들은 연일 돈을 잃게 된 원인이 내 꿈에 나타난 박정희 대통령 때문이라고 굳게 믿고 있었다. 그런데 박정희 장군이라는 소리를 듣자 갑자기 택시 안이 시끄러워졌다.

"그 무당집이 어디에 있습니까?"

"댐 반대편 민속촌 부근에 있니더."

"돈 더 드릴 테니 거기로 한 번 가봅시다."

대나무가 높게 걸린 한옥집 앞, 태극무늬가 그려진 나무 대문이 굳게 닫혀 있었다.

"오는 날이 장날이라, 오늘 장사 안 하는가 보네?"

아쉽지만 차를 다시 돌려서 가려는 그 순간, 나무 대문이 열리면서 아주머니 한 분이 나타났다. 그리고 우리가 탄 차를 보고 들어오라고 손짓을 한다.

안내를 받아 들어간 방은 그야말로 무당이 기도하는 사당인 듯했다. 촛불이 하나 둘씩 켜지고 울긋불긋 그려진 장군 그림과 깃발들, 불상이며, 제사상… 무섭다. 기죽은 듯 세 명은 꼼짝하지 않고 눈동자만 돌려가며 이 곳 저 곳을 살폈다.

내 옆에 앉은 선배가 나를 툭 쳤다. 깜짝 놀라 선배를 보니 자신의 턱 끝으로 무언가를 보라며 가리킨다. 대청마루 건너편 방, 흰 한복을 입은 여인의 모습이 보였다. 반쯤 쉰 하얀 머리카락을 참빗으로 빗고 있었다. 언뜻 옆얼굴이 보이는데 새빨간 입술과 까맣게 화장한 눈썹이 보였다. 온 몸의 털이 서는 듯했다.

얼마 뒤, 그 여인은 우리가 있는 방으로 들어왔다. 고개를 숙이고 있는데 흰 버선발이 보였다. 그런데 앉지도 않고 가만히 서 있는 게 아닌가? 고개를 살며시 들어 얼굴을 쳐다봤다. 그 여인은 서 있는 내내 나만 뚫어지게 보고 있었다. 나와 눈이 딱 마주친 그 순간 나와 그 여인은 동시에 깜짝 놀란 듯 몸을 움찔했다.

그러더니 갑자기 나에게 큰 절을 했다. 나도 엉겁결에 앉은 채로 절을 했다. 큰절을 한 여인이 정좌를 하고 나를 뚫어지게 바라보다가 긴 한숨을 내쉬며 지그시 눈을 감고 이렇게 말했다.

"여기 계셨구먼."

그리고는 약 1주일 전에 이상한 일이 없었느냐고 물었다. 나는 박정희 대통령 꿈을 꾸었다고 했다. 그리고 몸에서 느끼는 이상한 기운을 말했다.

그 여인의 말은 이러했다. 그 꿈은 신 내릴 때 꾸는 꿈이란다. 그런데 꿈에 어머니가 안 계셔서 대접을 하지 않은 까닭에 신이 잠시 머물다가 떠난단다. 그 당시 우리 집안에서 유일하게 교회를 다니는 분이 어머니셨다.

약 한달 동안 이상한 일들이 생길 것이며 신이 나가면서 심술을 부리는 경우도 있으니 조심하란다. 내가 헛것이 보인다고 하니 구천을 떠도는 귀신들이니 보여도 안 보이는 척 해야지 그러지 않으면 내내 따라다닌단다. '내가 무당 될 뻔했단 말이 아닌가! 박수무당.'

며칠 뒤 학회가 있어서 서울에 갔다. 그 당시 나에겐 신기가 있었던 것 같다. 장소는 소공동 롯데호텔. 오랜만에 서울에 사는 친구와 만나 호텔 지하에 있는 '바비 런던'이라는 바에서 술을 마셨다. 빈속에 급하게 마신 생맥주 덕에 취기가 오른다. 우리가 앉은 자리는 스탠드 바였는데 외국인들도 군데군데 앉아 있다.

종업원 중에 '캡틴 리'라는 분이 마술쇼를 한다. 그러다가 우리 옆 좌석에 앉아있는 여자 손님들에게 성냥갑을 주면서 무언가를 시켰다. 그 분들은 못하겠다며 옆 사람에게 미루었고 어쩌다가 나에게까지 왔다. 나는 그 성냥갑을 손에 잡고는 그 캡틴을 쳐다봤다. 그리고는 나도 모르게 큰소리로 이렇게 말했다.

"야, 이놈아! 까불지 말고 얼굴에 점이나 빼라. 또 입 돌아가기 전에… 쯔쯔쯔."

내 옆에 있는 친구는 내가 술에 취해서 주정하는 줄 알고 깜짝 놀라며 나를 제지했다. 그 캡틴은 내 말을 듣는 순간, 얼굴이 굳어지더니 곧바로 주방으로 들어갔다. 그러더니 한참 뒤에 세수를 한 듯 얼굴을 닦으며 다시 들어왔다. 자기가 오늘 술 한잔 대접하겠다고 하면서 우리 보고 반대편에 있는 조용한 스탠드로 자리를 옮기자고 한다. 왜 그러는 거지?

'캡틴 리'의 사연은 이러했다. 안면 마비 현상으로 거의 몇 달을 고생했다고 한다. 호텔에 종사하는 터라 얼굴이 말끔해야 하는 것이 기본이지 않은가. 용하다는 곳은 다 돌아다니면서 치료를 받았지만, 꼭 어느 분이 낫게 해줬다고 말할 수는 없이 얼굴이 정상이 되었다.

그리고 그 첫 출근날, 너무 기쁜 나머지 바에서 마술 쇼를 했던 것이다. 그러던 중에 새파랗게 어려보이는 젊은 손님이 술 취한 눈빛으로 대뜸 입 돌아간다는 말을 하니 병이 재발했나 싶어 놀랐다고 한다. 주방으로 들어가 거울을 쳐다보고 지나가는 다른 종업원에게 자신의 얼굴이 이상하지 않냐고 물어 봤지만 정상이라고 하더란다. 놀란 가슴을 쓸어내리며 젊은 손님이 한 말을 다시금 떠올려 봤다.

"야! 까불지 말고 얼굴에 점이나 빼라. 또 입 돌아가기 전에~"

점을 빼라! 사실 왼쪽 볼에 사마귀처럼 굵은 점이 있었다. 귀와 입술 코너를 연결하는 선상에 있어서 어릴 적부터 제거하고 싶었는데 어른들이 복점이라 절대 없애면 안 된다던 바로 그 점이었다.

순간적으로 이 젊은 사람이 보통이 아니라는 느낌이 들었단다. 그래서 일단 이야기를 들어 볼 작정으로 자리를 옮기라고 했다. 그날 밤 나는 도사가 되었다.

3년이 지났다. 서울에서 성형외과 학회가 열렸다. 학회 첫날 저녁 후배들과 한잔 하려고 호텔을 나섰다. 후배 한 명이 멀리 가지 말고 호텔 지하에 있는 '바비 런던'에 가자고 제안을 했다.

'바비 런던이라⋯' 까맣게 잊고 있던 3년 전 일들이 주마등처럼 스쳐갔다. '아! 맞다. 여기가 소공동 롯데호텔이었지!'

'바비 런던'은 3년 전과는 완전히 다른 모습으로 변해 있었다. 일단 생맥주 피처와 안주를 시킨 후, 젊은 웨이터에게 '캡틴 리'라는 분이 있느냐고 물었더니 모른단다. 오래 근무하신 분이 없느냐고 하니 나이가 들어 보이는 다른 분이 왔다.

"예전에 마술을 잘하시는 '캡틴 리'라는 분을 아세요?"

"아~! 그 분은 여기 근무하지 않으십니다."

"그 분이 호텔을 그만 두신 겁니까?"

"아니요. 약 2년 전에 밤일은 그만하고 싶다면서 로비에 있는 커피숍으로 옮기셨습니다."

3년 전, 내가 캡틴 리에게 캡틴 리의 아내가 자주 아픈 이유가 밤일 때문이라고 한 적이 있었다. 나는 옛일을 떠올리며 흐뭇한 미소를 떠올렸다. 로비에 올라가 커피숍 여직원에게 캡틴 리를 만나러 왔다고 했다. 그런데 캡틴 리가 두 분이란다. 이름은 모른다고 하니 두 분 다 불러드리겠단다. 기다리는 동안 약간 흥분되는 느낌이 들었다. 못 본 친구를 기다리는 심정이랄까?

드디어 말쑥한 차림의 남자가 나왔고 여직원과 무슨 말을 하더니 나에게로 와서 공손히 인사하고 대면하게 되었다. 사실 나는 얼굴이 전혀 기억나지 않는다. 뚫어지게 얼굴을 봤지만 상대방은 전혀 모르겠다는 반응이다.

그리고 다른 남자분이 나왔다. 다시 그 분 얼굴을 보는데 내 두 눈에 정조준 되어 들어오는 것은 입 옆에 있는 사마귀 점을 뺀 흔적이었다. 나는 흐뭇한 표정을 지으며 손가락으로 그 점 흔적을 가리켰

다. 그러자 그 사람의 얼굴이 환하게 밝아지면서,

"혹시 이영주 선생님~!"

우리는 이산가족 상봉하는 것처럼 찐하게 포옹을 하면서 반가워했다. 그는 커피숍 테이블에 황급히 나를 앉혔다. 신이 난 듯 입가에 함박웃음을 띄우며 주방으로 들어가더니 비싼 양주 언더락과 인삼과 꿀 안주를 직접 가져왔다.

"이영주 선생님! 이게 얼마만입니까! 정말 뵙고 싶었습니다. 요 며칠 동안은 선생님을 만나야 되는데 하면서 잠도 설쳤는데…."

캡틴 리의 이야기는 이러했다. 3년 전 나를 만난 후, 재미난 분을 만났다고 생각하며 대수롭잖게 여겼단다. 그런데 며칠 뒤 얼굴이 약간 뻐근해지는 느낌이 들었다. 병원에 가 보니 무리하면 그전처럼 재발할 수도 있다고 주의를 주더란다. 그때 내 말이 떠올라 바로 피부과에 가서 사마귀 점을 없애버렸다. 그러고 나니 마음이 그래서인지 한결 편안해지면서 얼굴에 그런 증세가 없어졌단다.

그리고 그 무렵 아내가 특별한 병도 없이 시름시름 자주 아프더란다. 집에 일찍 들어가기도 싫어지고 생활이 뒤죽박죽이었다. 그래서 호텔에 건의해 자리를 낮일만 하는 곳으로 옮겼다.

그랬더니 일찍 집에 들어갈 수 있게 되었다. 자연히 가족과 함께 있는 시간이 많아졌다. 아내와 산책을 같이 하게 되니 아내의 건강도 점점 좋아지게 되었고 무엇보다 가정이 화목해졌다.

그러던 어느 날, 일본과 무역업을 하는 친구가 호텔에서 나와 자신과 동업을 하자고 제의를 했다. 롯데호텔에 오래 근무했으니 일어에도 능통하고 바이어 접대도 빈틈없이 잘할 것 같고 회사의 자금도 약간 부족했으리라. 친구는 그런 목적이었다는 생각이 든다.

여지껏 호텔에서 쌓은 경력이 있는데 만약 이 안정된 직장을 박차고 나가서 전 재산을 투자했는데 부도가 난다면…. 그리고 친구와 동업을 하다보면 끝이 좋지 않은 경우가 많지 않던가! 그런데 마음한 구석에선 그 제안을 받아들이고 싶기도 하다. 평생 이 호텔에서 지내기는 무료하다는 생각도 들었다. 인생의 기로에 서서 잠 못 이루며 고민하는 남편에게 아내는 내가 한 말을 상기시켜 주었다.

"3년 뒤, 인생의 기로에 서서 결정을 못 내릴 때 제가 보고 싶어질 것입니다."

그 무렵 내가 홀연히 자신 앞에 나타난 것이 아닌가! 그런데 안타깝게도 나에게는 더 이상 신기가 없었다.

그 후, 캡틴 리는 호텔에서 나와 친구분과 무역업을 하게 되었고 행복하게 지내고 있다.

동상과 다리미

매너란, 다른 말로 하면 사람에 대한 배려이다.

골프는 매너를 가장 중요시 하는 운동이다. 매너란, 다른 말로 하면 사람에 대한 배려이다. 그런데 골프를 치다가 슬슬 짜증이 나는 동반자들이 있다. 공을 치기 전까지 너무 시간을 끄는 사람들 말이다. 경상도 말로 '꾸물거린다'라고 표현하는데, 문제는 정작 본인들은 모른다는 것이다. 그들은 자기가 신중하게 골프를 친다고만 생각한다. 한 타 한 타에 집중해 신중한 것은 좋으나 다른 동반자와 뒤 팀이 너무 기다리게 되니 눈살이 찌푸려지지 않을 수가 없다.

지난 늦가을, 골프 모임에서 제주도로 골프투어를 갔다. 우리 모임에는 꾸물대기로 대한민국에서 원, 투, 쓰리에 드는 전설적인 회원들이 있었다. 성질이 급한 사람들은 같은 팀이 안 되도록 해달라고 총무에게 부탁을 했다.

그러다보니 꾸물대는 두 사람이 같은 팀에 들어가게 되는 초유의 사태가 벌어졌다. 총무는 너무 시간이 지연될 것을 우려해 그 팀에 세 명만 배정을 했고 세 명 중 한 명은 동생뻘인 프로 선수를 동반자로 넣었다. 모두 걱정을 하는 한편 어떤 일이 벌어질까 궁금해졌다.

그렇게 골프가 시작되어 18홀이 거의 끝나갈 무렵, 걱정했던 일이 현실로 드러났다. 세 명뿐인 그 팀이 어찌나 경기 진행을 지연시키는지 그 뒤 팀들은 어두워져서 마지막 서너 홀을 칠 수 없게 된 것이다. 당연히 항의가 빗발치듯 했다.

"이름이 똑같이 '우진'이라고 했어요. 동생 우진이란 이는 '동상'이었지요. 쳤나 싶어서 보면 그냥 서 있고, 이제 쳤겠지 하고 돌아보면 여전히 거기 서 있는 거예요. 그리고 형 우진이란 이는 완전 '다리미'였어요. 어찌나 잔디를 다리는지, 공 앞에만 서면 채를 밀었다 당겼다 하는데, 드라이버부터 퍼터까지 다 다리는 거예요. 와~ 미치는 줄 알았어요. 평생 기억에 남을 거 같아요. 동상과 다리미."

문제의 팀을 담당했던 캐디의 말이다.

동상과 다리미. 캐디들의 위트가 너무 재미있었다. 묵묵히 참아준 부처 캐디들에게 지면으로나마 감사의 뜻을 전한다.

택시와 귀신

호출한 것도 아닌데 같은 택시를 일곱 번이나 타 본 적이 있습니까? 그 택시 이야기입니다.

어느 날, 출근하는 시간에 아파트에서 나오니 빈 택시 하나가 턱 서 있었다. 아무 생각 없이 타고 갔는데 그 다음 날도 아파트에서 나오면 택시가 하나 서 있어서 타보면, 그 기사 아저씨에 그 택시다. 꼭 나를 노리고 서 있는 듯이.

기사 아저씨는 약 50대 중반이고, 약간 살이 찐 편이며 두꺼운 뿔테 안경을 끼고 있다. 아마도 명퇴하고 택시로 전업한 듯 보였다. 그런데 이 기사분의 행동이 나를 기분 나쁘게 했다. 택시 문을 열고 타려고 하는데 벌써 미터기 버튼을 누르는 게 아닌가? 행선지를 말도 안 했는데. 그래서 4,000원이면 되는 거리를 가는데, 4,200원씩 나오는 거다. 얼마나 얄미운지….

한마디 하려다가 그냥 돈 내고 내리기를 여섯 번. '내일은 이 차 안 타면 되지 뭐, 아침부터 화낼 거 뭐 있나, 까짓것 200원인데.' 했다.

며칠 뒤, 전날 밤 모임에서 과음을 해 출근이 너무 늦어졌다. 후다닥 뛰어나오는데, 아니나 다를까. 그 택시가 바로 그 자리에 또 서 있는 거다. 안 타고 싶었지만 너무 늦었다.

그런데 택시 문을 열고 타려고 하는 순간, 뒷주머니에 지갑이 없다는 걸 알아차렸다. 그래서 타지 않고 엉겁결에 그냥 차문을 닫았다. 그랬더니 주저하지 않고 차는 붕~하고 출발해 버렸다. 멍하니 차를 쳐다보면서 혼잣말로 중얼거렸다. '하여튼! 저 양반은 항상 사람 타는 거 보지도 않고 저렇게 간다니까. 쯔쯔쯔.'

집으로 들어가서 지갑을 가지고 아파트를 나왔는데…, 으악! 그 택시가 또 그 자리에 떡하니 서 있지 않은가? 순간 당황스럽기도 하고 미안하기도 해서 못 본 척하면서 다른 방향으로 바삐 걸어가는데 뒤에서 빵! 빵! 하는 경적소리와 함께 택시가 내 앞으로 왔다. 할 수 없이 태연하게 택시에 탔다.

평상시와 다름없이 기사 아저씨는 미터기를 먼저 눌렀고, 행선지를 얘기하지 않았는데도 차는 나의 목적지를 향해 달렸다. 부~웅.

백미러로 힐끔힐끔 계속 쳐다보는 기사 아저씨, 애써 외면하면서 창밖을 쳐다보는 나. 그 팽팽한 긴장감. 상습적으로 정체가 되는 네거리에서 조용한 차안의 적막을 깨며 기사 아저씨가 입을 열었다.

"저~ 사장님, 오늘 아침에 제 택시 타지 않으셨나요?"

'으랏! 내가 아까 타려다가 안 타고 문만 닫았다는 걸 모르나 봐?'

그런 생각이 뇌리를 스치는 순간, 나는 능청스럽게 이렇게 말했다. 흐뭇한 미소를 입가에 흘리면서.

"아뇨! 아까 출근한다고 아파트에서 나오는 것 보셨잖아요? 왜요?"

조금 전에 기사 아저씨는 내가 탄 줄 알고 갔는데, 바로 이 네거리에서 우연히 백미러로 슬쩍 뒷좌석을 보았더니 앗! 사람이 없더란다. '아니?' 싶어 고개를 뒤로 돌려서 봐도 없었단다. 순간 등골이 오싹하더라나! 그래서 다시 아파트 앞으로 왔단다. 확인해 보려고.

그런데 분명히 아까 자기 차에 탔던 내가 평상시 출근할 때와 똑같이 아파트에서 태연히 걸어 나오고 있는 것이 아닌가? 능청스럽게 시치미를 떼는 내 말을 듣고 기사 아저씨는 얼굴이 하얗게 질렸다.

'내가 아까 본 것은? 그럼… 귀신?'

야간 산행

조금씩 나누고 비워야 할 나이라는 생각이
어두운 산길을 내려오면서 떠오른다.

1.

병원 일이란 게 나도 모르게 정신적인 에너지 소모가 많다. 수술
보다 상담하는데 에너지 소모가 더 많은 듯하다. 수술하시려는 분들
은 각자 하나씩의 사연들은 다 갖고 있다.

일이 잘 안 풀리는 이유가, 코가 낮아서…, 눈이 작아서…, 사각턱
이라서…, 유방이 작아서…. 이런 저런 사연을 듣고 위로와 용기를
드려야 하는데 기운이 없으면 단어의 선택이 적절치 않게 된다.

그래서 정신적인 피곤함을 회복시키는 방법으로 선택한 것이 야간
산행이었다. 머리로 몰린 피를 다리로 내리는 방법. 사람은 머리를

차게 하고 다리를 따뜻하게 해야 한다. 수승화강水承火降.

처음엔 너무나 힘들던 등산이 차츰 익숙해져서 요즘은 지치지도 않는다. 그래서 아침 출근 복장은 등산복이다. 특별한 일이 없으면 퇴근하고 바로 산으로 간다.

야간 산행은 혼자가면 위험하므로 민철이와 종수라는 동생이 항상 산행을 같이 한다. 일주일에 다섯 번을 간 적도 있다. 산행 시간은 대략 두 시간 반. 땀을 비 오듯 흘리고 나면 눈도 맑아지고 기분도 상쾌해진다.

야간 산행 한번 함께 갈까요?

2.

이슬비가 내리는 어느 저녁이었다. 종수와 민철이 그리고 나는 고산골 입구에서 비 때문에 주저주저하다가 그대로 내려가기 아쉬워 조금만 산을 걷다가 돌아가자는 심정으로 나무 사이로 들어갔다. 그런데 나무가 우산이 되어 비를 막아주어 어쩌다보니 산 정상이다. 비가 왜 야간 산행을 다니시는 다른분들이 오늘은 쉬시는가 보다.

각자 배낭 안에 넣어 온 간식들을 꺼내 놓는다. 서로 말을 안 해도 간식을 준비할 때는 동반자의 수만큼 준비한다. 서로 자기 것을 건네주면서 먹으라고 권유한다. 맛있다고 감탄하면서 게걸스럽게 먹는다. 맛있게 먹는 모습만 봐도 서로 웃는다.

간식 겸 저녁식사를 마치고 하산한다. 배낭이 참 가볍다. 산의 정상은 인생으로 치면 몇 살 즈음일까? 내 나이가 사십 중반이니 지금 즈음일지도 모른다. 지금부터는 모을 게 아니라 조금씩 나누고 비워야 할 나이라는 생각이 어두운 산길을 내려오면서 떠오른다.

3.

아침 출근 전, 야간 산행 장비를 챙기다가 진열장에 있는 조그만 종을 보았다. 열쇠를 끼우는 용도의 종인데, 소리가 아주 맑고 음이 높아 멀리서도 잘 들릴 것 같았다. 종소리를 들으니 〈워낭 소리〉라는 영화가 생각난다. 딸랑~ 딸랑~.

야간 산행 중에 배낭에 달고 걸으면 좋겠다는 재미있는 생각이 떠올랐다. 그런 생각이 떠오르게 된 이유는 이러했다. 야간 산행을 다니다 보면, 가끔씩 풀숲에서 동물이 후다닥 지나가는 소리가 들리곤 한다. 만약 그 동물이 멧돼지라면? 생각만 해도 오싹하다.

그런 상황을 미리 예방하기 위해 우리가 취한 방법은 반드시 여러 명이 무리를 지어야 하고, 라디오 소리도 크게 내면서 산행하는 것이다. 그런데 한참 땀을 뻘뻘 흘리며 정신없이 산행을 하다보면 속도가 붙은 사람은 너무 앞서 나가고 힘이 빠진 사람은 서서히 무리에서 처지게 된다.

산속에 혼자인 걸 알게 되는 순간 등골이 오싹해지면 뒤에 무언가
가 있는 듯 닭살이 돋는다. 그러면 본능적으로 온몸으로 시끄럽게
소리를 내게 된다. 발걸음도 쿵쿵거리면서 걷고, 등산 스틱으로도
땅을 팍팍 찍으면서 빨리 걷게 된다. 그러니 종소리를 내면서 걷는
것도 좋은 방법이 아니겠는가!

그날 저녁, 야간 산행이 시작되었다. 멤버는 세 명. 민철이와 종
수. 그리고 나. 민철이가 계속 뒤처진다. 산행을 시작한 지 얼마 되
지 않아서 산행 체력이 약한데다가 어제 직장 회식이 있었다.

산행을 시작한 지 약 30분. 벤치에 앉아 5분간 휴식을 했다. 땀에
흠뻑 젖은 민철이를 보니 갑자기 배낭 안에 넣어온 '종'이 생각났다.
종소리로 민철이와 보조를 맞추어야겠다는 생각이 들었다.

"민철아. 배낭에 종 하나 달자. 종소리 듣고 우리가 산행 속도를
맞출 게. 종소리 나면 짐승들도 도망갈 거 아이가? 맞제?"

"야~! 그렇네예. 형님. 정말 감사합니다. 형님."

딸랑딸랑 거리면서 앞서 걸어가는 민철이를 보고 종수가 하는 말,

"행님, 종소리가 너무 시끄럽지 않습니까?"

"임마, 영주 형님이 주신 종인데 내는 이 종소리가 너무 좋다."

"아이고 참. 행님요. 우리는 꼭 영화 〈넘버 3〉에 나오는 송강호와

그 동생들 같심더. 헤헤헤."

딸랑~~ 딸랑~~~. 약 20분 뒤, 경사가 급한 오르막을 헉헉거리면서 오르는 중이다. 뒤에 오는 종수가 말했다.

"행님! 민철이 행님이 너무 처진 것 같심더. 조금 기다리시지예."

약 3분이 흘렀다. 종수와 나는 종소리가 나는지 귀를 곤두세우고 있었다. 그런데 종소리가 들리질 않는다. 1분이 더 흘렀다. 컴컴한 숲속에서 불빛이 보였다. 민철이다. 온몸이 땀으로 범벅인데다 무언가에 놀란 듯 핏기가 없이 하얗다.

"민철아, 괜찮나? 그런데 종소리가 안 들리던데. 종은 달려 있나?"

"형님. 말도 마이소. 종소리 때문인지 귀신들한테 잡혀갈 뻔했심더."

뒤처진 5분 동안 민철이는 소름끼치는 일을 당했다. 딸랑딸랑 대는 종소리와 함께 민철이는 힘들게 한 발씩 걷고 있었다. 땀이 비가 오듯 떨어진다. 땅만 보고 걷다보니 앞에 있던 종수가 보이지 않는다. 서둘러 걷는다고 발길을 재촉해본다. 평소에 다니던 산길보다 좁다는 기분이 들었다.

머리를 들어 앞으로 불을 비쳐보니 평소처럼 넓은 등산로가 아니다. 숲이 우거져 사람들이 잘 가지 않는 좁은 길이다. 길을 잘못 들었다는 느낌이 들었다. 이때껏 뒤처져 걷더라도 옆길로 잘못 간 적은 한 번도 없었다.

등 뒤로 알 수 없는 물체들이 모여드는 느낌이 든다. 등산 스틱을 앞으로 내디딜려고 하면 뒤에서 잡아당기는 느낌이 든다. 길을 찾으려고 불을 옆으로 비춰보니 무덤이 보인다. 으아아아~! 갑자기 엄습하는 극도의 공포감. 풀숲을 헤집고 반대편으로 치고 나가니 정상적인 등산로가 보였다.

딸랑~. 딸랑~. 배낭을 잽싸게 앞으로 돌려서 종이 울리지 않게 고정해버렸다. 젖 먹던 힘까지 내서 앞으로 전진했다. 한참을 가자 앞에서 불빛이 두 개 보였다. 휴우….

그 짧은 순간에 민철이는 종소리로 인해 극도의 공포를 느낀 것이다. 무속인들이 방울소리를 울리는 것처럼 종소리가 귀신들을 불러 모은 것일까?

며칠 뒤, 민철이와 종수 그리고 나 이렇게 세 명이서 동일한 코스로 야간 산행을 했다. 하산하면서 내가 민철이에게 물었다.

"민철아! 그때 그 종은 배낭에 있나?"

"예. 형님 있습니다."

"줘 봐라. 진짜 귀신 모이는 지 한번 보자."

내 등산 스틱에 달고 흔들면서 내려가기 시작했다. 딸랑~. 딸랑~. 앞서가는 종수, 민철이와 나와의 거리가 자꾸 멀어진다. 평소에는 내가 하산 속도가 내가 제일 빠른데 오늘따라 동생들의 속도가 더 빠른 것 같다. 딸랑~. 딸랑~.

　동생들과의 거리가 약간 멀어지면서 산 속에 혼자 있는 느낌이 드는 순간. 등산 스틱을 앞으로 전진하려고 하는데 뒤에서 스틱을 누가 당기는 듯하다. 갑자기 목덜미에서 냉기가 느껴지면서 소름이 돋는다. 딸랑~. 딸랑~. 종을 재빨리 손으로 잡고 소리가 안 나게 했다. 그리고 엄습하는 공포감에 더 빨리 내려갔다.

　그런데 앞서간 동생들의 불빛이 보이지 않는다. '아니! 이런 길은 없었는데?' 길을 잘못 들었다는 느낌이 들었다. 하산 길에 길을 잘못 들기가 힘든데 이상하다. 잠시 걸음을 멈추고 헤드랜턴으로 주위를 비춰보았다. 으악! 무덤이다.

　며칠 전 민철이도 종소리 때문에 길을 잘못 들었고, 그 곳에 무덤이 있었다고 했다. 길을 찾아서 밑으로 거의 달리듯이 내려왔다. 등에 식은땀이 흐른다. 앞에 불빛 두 개가 보인다. 휴우 살았다.

　딸랑~. 딸랑~!

여명 808의 비밀

술에 천하장사가 되어 버렸다.
예전에 마시던 주량의 세 배를 마셔도 몸은 끄떡도 없고 정신은 말짱한 거다.

술 마시러 가기 전에 편의점에 들러 한 캔씩 마시던 여명 808에 얽힌 재미있는 이야기이다.

지금으로부터 약 10년 전 서울 추계 성형외과 학회가 열렸다. 졸업한 동문들이 한자리에 모여 저녁 식사 겸 술판이 벌였다. 지방에서 개업하고 계신, 홍콩 배우 유덕화와 닮은 선배님도 오셨다.

"야! 영주야, 술 한잔 해라. 오랜만이다."

큰소리로 이렇게 말씀하실 선배님이 아픈 사람처럼, 술잔만 보면 고개를 돌리며 움츠리고 계셨다. 저러실 분이 아닌데? 전날 과음을 하셨다하더라도 분위기를 압도하실 분인데, 왜 그럴까?

형님의 사연은 이러했다. 약 한 달 전, 형수님께서 형님을 위해 여명 808을 한 박스 구입하셨다고 한다. 그래서 아침마다 보약 마시듯 한 캔씩 마시고 출근을 하게 되었다. 역시 숙취 해소에 효과가 탁월했다. 술을 안 마셨을 때도 습관처럼 마시고 출근하기도 했다.

그렇게 매일 마신 지 약 2주, 몸에 변화가 생겼다. 술에 천하장사가 되어 버린 것이다. 예전에 마시던 주량의 세 배를 마셔도 몸이 끄떡 없고 정신이 말짱한 거다. 갑자기 슈퍼맨이 된 느낌이 들더란다. 덕분에 그동안 형님을 술로 괴롭히던 악당들은 모두 항복하게 됐다.

"야! 야~ 한잔 더 할래?"

"아니, 아니. 야아 죽겠다. 그런데 저 녀석 요즘 산삼 먹었나?"

형님은 아무도 몰래 여명 808를 계속 마시고 있었다. 3주가 지난 어느 저녁, 주당들이 다시 모였다. 벌써 꼬리를 감추고 눈치만 보고 있는 친구들과 아주 여유 있는 표정의 슈퍼맨 형님. 우물쭈물거리는 친구들에게 슈퍼맨 형님이 먼저 선방을 날렸다.

"자~~~ 한잔 하자. 우리의 우정을 위하여! 건배!"

쨍! 쨍! 쨍! 우리 슈퍼맨 형님. 기분 좋게 두 잔째 마셨다. 그런데 갑자기 머리가 팽하고 도는 것 같았다. 만취 되었을 때 몸을 못 가누는 그때의 악몽 같은 느낌이었다.

약간 비틀거리며 화장실에 갔다. 술이 더 취하는 것 같다. 밖으로 나가 택시를 불렀다. 그리고 집에 전화해 택시 차번호를 불러주며 지금 몸 상태가 안 좋아 집으로 간다고 알렸다. 동석했던 친구들에겐 말도 못했다. 일주일 동안 슈퍼맨이었던 형님은 소주 두 잔에 케이오가 되어 버렸다.

그 후, 술을 보면 겁이 난다는 거다. 여명 808에 들어 있는 무슨 성분이 저런 상반된 두 가지 현상을 나타내게 한걸까? 궁금하던 중에 경상병원 이사장님과 저녁식사를 하게 되었다.

얼마 전에 여명 808 회사에서 제안을 받았다고 한다. 입원 치료 중인 알코올 중독 환자들에게 여명 808을 마시게 해보라는 제안이었다. 여명 808이 알코올 중독을 치유해 줄 거라는 깜짝 놀랄 이야기.

그리고 며칠 뒤, 신문에 이런 기사가 실렸다. 하버드 의대에서 알코올 중독을 치료하기 위해 동물실험을 했다고 한다. 평소 술을 좋아하는 알코올 중독 비단생쥐들에게 동양 한방에서 효과가 있다는 약을 주사하니, 술 한 모금만 마셔도 만취가 되어 더 이상 술을 못 마시게 되었다는 기사다, 그 성분은 '칡'이었다. 이처럼 칡을 장복하면 술을 아예 끊게 하는 효과를 나타낸다. 우리나라에서 음주 전후에 먹는 음료 시장 규모가 수조원에 달한다고 한다. 여명 808이 금주에 효과가 있다는 사실을 널리 알릴 필요는 없으리라 생각한다.

Part 3
문어와 물고기

태반 치료를 처음 하시는 분을 위해

막힌 곳을 뚫어야 살 수 있다고
선각자들은 지속적으로 우리에게 역설을 하고 있다.

인체에는 자율신경계라는 조절기능이 있다. 교감과 부교감, 이 둘은 양과 음이라 낮과 밤이 있듯이, 긴장을 했다가도 느긋하게 풀어져 피로를 회복해야 다시 생활의 활력을 얻게 되는 것과도 같다.

이 자율조절 기능이 무너지면 병이 나게 된다. 너무 퍼져 있어도 병이 되고 너무 긴장이 오래 지속되어도 병이 난다. 둘 사이에 적당한 리듬이 있어야 한다. 바다에서 일어나는 밀물과 썰물처럼.

그러나 사는 것은 항상 경쟁이고 스트레스의 연속이다. 스트레스를 받으면 교감신경이 흥분하게 된다. 그러면 부교감으로 가야 하는 혈액의 양이 줄어든다.

즉, 인체의 리듬이 깨져서 파도가 치지 않는 바닷가로 변하게 되고 자체의 자정능력이 무너지게 된다. 고인 물처럼 서서히 노폐물들이 쌓이게 되는 것이다. 이렇게 스트레스가 높아진 경우, 부교감이 지배하는 장기들에게서 문제가 발생하게 된다.

긴장한 몸은 전쟁이 난 것처럼 일부 장기에서 영양공급과 청소라는 활동을 덜 하게 된다. 피부, 두피, 위·장관, 간, 생식기 등에서 문제가 발생하게 되는 것이다.

그래서 탈모가 되고, 피부 보습이 안 되어 잔주름과 잡티가 많아지고, 시력이 저하되고, 여드름과 같은 피부질환이 생기고, 잇몸에 이상이 오고, 이명, 아토피, 두드러기, 저혈압, 고혈압 등이 생긴다.

태반 주사로 효과가 있다는 병을 나열하면 위염, 위궤양, 십이지장궤양, 변비, 신경성 대장염, 치질, 류머티스 관절염, 불임, 자궁근종, 우울증, 무좀, 간질환, 갱년기 장애 등등 수 없이 많다.

태반 치료로 좋아진다고 나열한 병들이 이렇게 많으니 만병통치약처럼 신빙성이 없다고 느껴지지만 이 모든 병들의 공통점은 혈액순환이 안 되어서 생기는 현상, 즉, 기가 막혀서 생기는 현상이다. 그래서 나는 태반 치료는 기를 뚫어주는 치료라고 본다. 즉, 무엇인가를 보충해주는 보충제가 아니라고 본다.

그러면 태반 주사는 어떤 방식으로 기의 순환을, 혈액 순환을, 자율신경계를 정상화 시켜주는 것일까?

똑같은 스트레스를 받는데도 어떤 사람은 탈모현상이 오고, 어떤 이는 피부에 병변이 있고, 어떤 이는 기침을 많이 하고, 기미가 생기고, 변비가 생기고, 불임이 되고, 술을 안 먹는데도 간이 나쁘고, 담배를 안 피는데도 폐나 기관지가 나빠진다.

환자들이 왜 그러는지 그 원인을 의사에게 묻는다.

그러면 우리 의사들은 무어라 대답을 해야 하나? 쉬운 말로, "다 체질입니다"라고 한다. 이 말은 한방에서 말하는 태양, 태음, 소양, 소음이 아니더라도 우리 몸에는 병이 날 부위가 미리 정해져 있다는 말이지 않은가. 혈액의 흐름에도 순서가 있는 것 같다. 그 순서의 마지막 장기에서 항상 병이 나는 건 아닐까?

그렇다면 각자의 몸에서 가장 취약한 장기에 피를 보내야 한다는 것이 숙제이다. 그래서 막힌 곳을 뚫어야 살 수 있다고 선각자들은 지속적으로 우리에게 역설을 하고 있다. 태반이 갖고 있는 효능 또한 흐름을 원활하게 하는 것이다. 어떻게 해서 그럴까?

자율신경계의 교란 상태를 바로 잡아 부교감으로 피를 많이 보내는 방법은 두 가지다. 첫째, 부교감신경을 자극하는 것, 둘째, 교감신경을 자극해 그 반동작용으로 부교감에 피가 가게 하는 것이다.

그러면 태반 치료는 어떤 방식을 취하는가? 둘째이다.

잔잔한 스트레스 때문에 교감신경계가 계속 자극을 받고 있다. 부교감신경계로 혈류가 흐르다가, 충분히 공급이 안 된 상태에서 갑자기 교감신경계로 혈류가 바뀌는 현상을 상상해보자.

시이소오 상하 움직임이 크지 않고 약간 까딱까딱 하는 듯한 모습. 이때 태반 주사를 맞으면 교감 측 시이소오를 더욱 세게 눌러주게 된다. 그러면 교감은 바닥을 치며 다시 올라가고, 반대로 부교감은 내려간다. 여기서 내려간다는 표현은 혈류가 흘러 들어간다는 뜻이다.

스트레스로 병이 생겼는데, 태반 주사는 몸이 깜짝 놀랄 만큼 강력한 스트레스를 더 준다. 즉, 스트레스를 스트레스로 고치는 것이다. 이런 관점에서 보면 '비슷한 것으로 병을 고친다'는 것이니 '동종요법'으로 보여진다.

그럼 교감신경을 더욱 자극한다는 것에 집중해보자. 교감신경이 극도로 자극을 받는다는 것은 반대로 부교감은 완전히 Off 되는 상태를 말한다. 태반 주사를 처음 맞으면, 짧은 순간이지만 장 마비 현상이 온다. 급체현상과 같다.

이제 태반 주사를 처음 맞은 분들을 눈여겨보자. 명치끝이 꽉 막힌 듯한 소화불량 증세를 느낀다는 분, 약 30분쯤 지나니 갑자기 졸음이 쏟아져 애를 먹었다는 분들이 있다.

이런 상상 아래 문어 이야기를 읽어보자.

문어 이야기

인체는 덜컹거리는 스트레스 상황이지 결코 고요하고 깊은 바다가 아니다.

　미국 내륙지방에 거대한 수족관을 건설했다. 해안에서만 볼 수 있는 수족관을 내륙에 있는 사람들도 볼 수 있게 해주기 위해서였다.

　그런데 정작 전시해야 하는 물고기를 수송하는 데 문제가 있었다. 며칠씩 걸리는 장기 수송기간에 희귀한 물고기들이 죽어버리는 것이다. 세계적인 해양 생물학자들이 수송 컨테이너를 가장 살기 좋은 바다 환경으로 만들었는데도 도착해보면 많은 수의 물고기들이 죽어 있는 거다.

　과학자들은 큰 고민에 빠졌다. '왜 이럴까?' 가장 살기 좋은 환경으로 만들어 수송했는데….

근심에 찬 얼굴로 책임자가 바닷가에 앉아 있는데 지나가던 어부가 물었다.

"교수님, 무슨 고민이 있습니까?"

"예, 수족관으로 수송하는 고기들이 많이 죽어서 고민입니다."

평생을 어부로서 살아 온 노인이 슬쩍 던져주듯이 말했다.

"문어 한 마리만 넣어주면 되는데…."

그 해결책은 아이러니하게도 바닷가에서 고기를 잡는 한 노어부에게서 나왔다.

수송하는 컨테이너에 문어를 넣어주면, 문어는 물고기를 잡아먹으려고 움직이고 고기들은 도망을 가게 된다. 그렇게 되면 물고기들은 적당히 스트레스를 받게 된다. 그리고 생존하기 위해 발버둥을 친다. 지나치게 편안한 생태보다 더 오래 생존을 할 수 있게 되는 것이다.

인체는 내륙지방으로 달려가는 트럭에 실린 컨테이너와 같다. 겉으로는 편안해 보이지만, 덜컹거리는 스트레스 상황이지 결코 고요하고 깊은 바다가 아니다.

이처럼 점점 무뎌지며 타협하고 쉽게 살아가며 서서히 망가지고 있는 인체를 태반 치료는 문어처럼 살짝 긴장하게 해서 자체 생존능력인 자정능력을 일깨우게 하는 치료인 것이다.

태반 주사는 우리 몸에 문어 한 마리를 넣는 것과 같더라.

태반 주사는 몇 앰플씩 주사해야 하나

세월이 흐르면서 침전물들의 높이가 점점 올라온다.
자! 이 물컵을 깨끗하게 해보자.

많은 분들이 태반 치료 시 너무 적은 용량을 놓는 것 같다.

그러면 환자도 식상해 하며 '별 효과가 없더라' 하고 태반 치료를 폄하하게 되고 의사들의 열성도 식는다. 그렇다면 치료 효과를 제대로 보여줘야 하지 않을까?

어떤 환자분들은 이렇게 설명을 들었다고 한다. 태반 주사를 많이 맞으면 도리어 몸에 해롭다고, 좋은 약도 많이 먹으면 독이 된다고 말이다. 그런데 태반 주사는 몸에 해가 되는 항생제도 아니고, 부족한 것을 보충해주는 영양소도 아니다. 그저 자극소일 뿐이다.

그리고 얼마만한 자극을 줘야 몸 안의 자연 치유력에 발동을 걸게 되는가가 문제이다.

그동안 수십 년 된 고장난 몸을 치료하는데 10앰플 정도 맞고 효과를 보기는 힘든 일이다. 그래서 처음 맞는 분에게 매일 2앰플 씩 6일간 맞도록 하는 경우도 많다.

시간이 없는 분들은 1주일에 2일 주사하지만, 효과를 보려면 3앰플, 4앰플씩 주사하는 경우도 있다. 일주일에 1앰플씩 두 번 맞는 것은 너무 적은 용량이다. 이런 용량으로는 증상이 호전되지 않을 뿐만 아니라 되레 부작용이 생길 수도 있다. 즉, 여드름이 더 많아진다든지, 기미가 더 심해졌다던지, 아무런 변화가 없는 경우도 있다.

이렇게 되면 환자들은 태반 주사를 단순히 한순간의 바람이나 유행으로 여기고, 권유를 해도 빈정대게 된다.

"내 아는 사람이 여러 번 맞아 봤는데 효과 없다고 하던데요. 저는 안 할랍니다."

그러면 확신이 없던 의사들은 구하기도 힘든 태반 주사에 대한 애정이 점점 시들어가게 되고, '~에 효과가 있더라' 하는 글을 보면서도 '지어낸 얘기가 아닐까?' 하며 의심하게 된다. 이것이 현재 한국 태반 치료의 현 주소이다.

여기서 물컵 이야기를 한 번 해보려고 한다. 바닥에 침전물이 잔뜩 쌓여 있고, 부유물들이 간간히 떠다니는 물컵. 겉으로 보기에는 맑아 보이지만, 그동안 스트레스로 쌓인 쓰레기들을 그냥 쌓아 놓고 공존하는 형태다. 우선은 편안하고 건강해 보인다. 그러나 세월이 흐르면서 침전물들의 높이가 점점 올라온다. 자! 이 물컵을 깨끗하게 해보자.

깨끗한 물을 조금씩 컵에다 붓는다. 졸졸졸…. 아무런 변화가 없다 1앰플씩. 좀 더 강하게 많이 붓는다. 2앰플씩. 부유물들이 떠다니기 시작해 물 컵이 서서히 부옇게 된다. 기미가 더 진해진다. 서서히 물이 넘치면서 찌꺼기들이 흘러나온다. 그러나 오랜 세월 쌓여 있던 바닥의 침전물들은 끄떡도 없다.

이제 수압이 더 높은 호스로 라에넥 3앰플씩 1주일에 세번 바닥 가까이 대고 깨끗한 물을 쏟아 붓는다. 그제야 바닥에 있던 침점물들이 흐트러지면서 부유물처럼 위로 올라오고 넘쳐서 밖으로 나오게 된다. 이제 서서히 물컵이 깨끗해진다.

치료 시작한 지 약 한 달 반이 지나자 갑자기 기미가 점점 좋아지기 시작한다. 이제 수압을 낮추고, 조금씩 부어도 된다. 멜스몬 1앰플씩 1주일에 두번, 한번. 2주일에 한번으로 줄인다.

태반 주사를 피부에 1앰플 주사하다가 별 문제가 없으면 2앰플로 올리고, 3앰플도 주다가 다시 2앰플 놓다가 서서히 1앰플로 줄여 나간다. 이 방법이 좋다고 나는 임상에서 느꼈다.

생물원 자극소

불리한 조건에서 조직의 생활을 도와주는 이 물질을
'생물원 자극소'라고 명명했다.

출판사 측은 '생물원 자극소'와 '동종요법으로 바라본 태반요법' 부분이 일반인과는 상관없는 전문적인 내용의 글이니, 이 책에 넣지 말자고 했습니다.

그러나 편집인의 만류에도 불구하고 필자는 이 부분을 포기할 수가 없었습니다. 그 이유는, 인류를 위한 엄청난 신비가 이 내용 속에 들어있기 때문입니다. 저는 이 글을 여러분과 함께 공유하고 싶습니다.

다음 글은 태반 치료의 근간인 조직요법에 대해 제가 접할 수 있었던 유일한 자료입니다. 모든 비밀은 이 한 장의 글 속에 함축되어 있었습니다.

베베 필라토프러시아 안과의, 박사, 학사원 회원《조직요법》생물원 자극
소 설說, 외국어도서출판소

이 글은 1953년 모스크바의 전소정치 및 과학지식보급회 중앙강
당에서 의사를 위해 행한 두 번의 강연 속기록을 의사인 이시이 지
로石井次가 번역한 것입니다.

제1강 조직요법의 역사, 방법, 임상 관찰 – 생략

제2강 조직요법의 이론적 기초

1. 몸으로부터 분리된 동·식물 조직은 생활을 힘들게 하는 환경
이 작용하면 생화학적으로 상태가 변화하게 되고, 조직 안에 생화학
적인 과정을 자극하는 물질이 생긴다.

불리한 조건에서 조직의 생활을 도와주는 이 물질을 '생물에서 태
어난 자극소', 짧게 말해 '생물원 자극소'라고 명명했다. 이 물질은 조직
이 힘든 상황에 처해 있는 동안 그 조직 안에 생기게 됩니다.

2. 생물원 자극소는 여러 가지 방법으로 인체에 주입되면 그 생활
과정을 활성화한다. 즉, 생물원 자극소를 많이 담고 있는 조직을 이식하거나, 혹
은 그 엑기스를 주사하는 것을 뜻합니다.

인체의 물질 대사를 활성화함으로써 생물원 자극소는 인체의 생

리 기능을 높이고 병인에 대한 저항력을 강화시키며 재생력을 늘려 건강 회복을 돕는다.

3. 생물원 자극소는 분리되지 않은 완전한 인체 안에서도 그 인체의 생화학적 상태가 변할 때 만들어진다. 그 인체 안의 장기가 상황은 나쁘지만 죽어 버리지 않을 정도로 환경의 외적·내적 조건의 작용을 받은 경우를 뜻한다.

4. 생물원 자극소의 발생을 돕는 불리한 조건 중 가장 자주 연구된 것은, 동물 조직을 비교적 낮은 온도섭씨 2~4℃의 상태로 담아두는 것과 식물의 잎을 어두운 곳에 보존하는 것이었다.

5. 생물원 자극소는 조직과 신체에 대해 그 정상적인 대사를 파괴하는 외적·내적 요인이 작용할 때 그 조직과 신체 안에 축적되는 것으로, 화학적으로는 파괴된 대사의 산물이다. 물질 대사 파괴의 결과, 충분히 산화되지 않은 다양한 중간 산물이 쌓이게 됩니다. 이와 같은 중간 산물은 정상적인 유기체의 자가 촉매 과정에 중요한 의미를 갖게 됩니다.

가) 내열성 120℃에서 1시간 가열로 생물학적인 활력을 갖게 되는 것입니다.

나) 물에 녹는다.

다) 단백과 효소가 아닌 물질의 복잡한 복합체이다. 유기산속, 유기산의 대사 과정을 자극하는 힘을 가진 물질이 상당히 많이 포함되어 있다.

6. 불리한 환경 요인의 영향에 의해 생물원 자극소가 만들어진다고 하는 것은 모든 생물에게 적용되는 공통된 법칙이다. 생물원 자극소는 생활을 위해, 새로운 생존 조건에 적응하기 위한 싸움이 이루어지고 있는 곳이라면 어디에서라도 만들어지게 된다.

7. 생물원 자극소는 몸 전체에 작용하는 것으로, 그 치료 범위가 넓은 것도 이 때문이다. 조직요법을 이용하면, 여러 가지 많은 종류의 병에 효과가 나타나는 이유가 바로 여기 있습니다.

8. 생물원 자극소 기능의 깊숙한 일면은 유기체의 대사와 생활 과정의 변화에 나타나 있다. 1942년 실험으로 얻은 자료와 임상경험에 의해 조직요법의 가설을 발표했습니다. 이 가설에 서술되어 있던 것은, 그 후 많은 실험과 임상관찰을 통해 뒷받침 되었습니다. 그리고 1953년에 11년 동안의 경위를 발표하여 상기 (1)~(8)항목 조직요법의 이론적 기초를 정리하기에 이르렀습니다. — 일본태반의료연구회 회보, 3호, 1997년, p18~19.

동종요법으로 바라본 태반요법

모든 문제는 흐름이 막혀 있는데서 출발하는 것이라고 봅니다.

1. 동종요법의 시각으로 살펴보는 태반 치료

태반 주사요법은 환자의 병 증세가 호전되는 현상을 보고 효과가 있다고 보고된 일종의 대체의학입니다. 그 효과를 과학적으로 입증하기 위해, 태반에 포함되어 있던 많은 물질을 분석하고 그 하나하나의 물질이 인체에 들어가 병 증상을 호전시켜 준다고 이해하려 하고 있습니다. 즉, 부족한 것을 보충하는 방법으로 설명하려고 합니다.

그러나 태반요법에 사용하는 '라에넥'과 '멜스몬'이라는 주사제에 과연 그 많은 물질들이 인체의 병적 증상을 치유할 수 있을 정도로 유의有意한 양이 들어 있을까요?

결론은, 주사제에서는 아주 미세하게 검출이 되긴 하지만 거의 없는 것이나 마찬가지입니다.

태반 주사요법을 처음 대할 때 가장 염려하는 것은 '에이즈나 간염 바이러스 등으로부터 안전한가?' 입니다. 물론 안전합니다.

제약회사에서 보고한 자료에 의하면, 원료의 선정에 대해 'HBV, HCV, HIV, 매독에 대해 혈청학적 검사를 실시하고, 음성인 것이 확인된 건강한 사람의 태반을 원료로 사용하였음', 제조 방법에 대해서는 '염산가수분해법과 여러 차례의 고압증기 멸균, 가열멸균 등의 방법을 사용하였음'이라고 밝히고 있습니다.

이런 방법에 의해 첫째, 각종 바이러스와 세균은 불활성화 되고, 둘째, 제품 중에 호르몬과 단백질과 이상 플리온은 함유되지 않게 된다고 보고하고 있습니다.

이 정도로 안전하게 하려면, 주사약에는 거의 아무것도 남아 있지 않게 될 거라고 생각합니다. 그렇다면 무엇이 병적 증상을 호전시키는 것일까요? 결론적으로 그 물질은 아직 밝혀지지 않고 있으나, 그 존재는 인정하고 있습니다.

그리고 조직요법의 창시자인 러시아의 피라토프 박사는 그것을 '세포 부활 인자', '생체 자극소' 생물원자극소라고 역사적으로 말하고 있습니다. 그리고 다음과 같이 규정했습니다.

'첫째, 수용성인 물질이다. 둘째, 지금까지 알려져 있는 호르몬이 아니다. 셋째, 열에 대해 저항력을 가지고 있다. 120도에서도 활성은 남는다.'

앞으로 이 물질을 '태반Placenta X'라고 부르겠습니다.

2. 동종요법homeopathy이란 무엇인가

근본 원리는 '비슷한 것은 비슷한 것으로 고친다'는 유사의 법칙 Law of a similar입니다. 즉, 약품을 사용해 환자의 병적 상태와 유사한 상태를 인위적으로 만들어 줌으로써 환자의 자연치유 과정을 돕는 것입니다.

이것은 많은 양을 사용하면 독이 되는 물질도 극소량미세량을 사용하면 오히려 병을 치유하게 되는 원리와 같습니다. 대표적인 예는 말라리아 치료약인 '키니네'입니다.

중요한 것은 치료에 사용되는 동종요법 약품은 소량의 분자만을 갖고 있거나 경우에 따라 대단히 고도로 회서시켜 단지 분자의 정보에너지만을 환자에게 전달함으로써, 환자가 지닌 병증에 대한 면역체제를 스스로 자극하여 자연적으로 치유가 되게 하는 것입니다.

태반요법과 동종요법은 원리적인 측면에서는 동일해 보이는데, 달리 말하면 일종의 면역요법이라고도 볼 수 있습니다.

3. 태반Placenta X가 인체에서 어떤 작용을 하는가?

동종요법적인 시각에서 태반요법을 보았다면, 이 태반 X가 인체를 어떤 상태와 유사하게 만든다는 것일까요? 말라리아 약인 '키니네'는 말라리아 증세를 유발시킵니다. 그러면 태반요법이 효과가 있는 간염의 경우, 태반 X가 간염을 유발시킨다는 것일까요?

그것은 아닙니다. 태반요법이 효과가 있는 증상들은 거의 대부분 자율신경계의 이상에서 오는 내부적인 질환입니다. 즉, 스트레스 상황이 누적되어 걸리는 현대병이 주종입니다.

스트레스에 의한 교감신경의 지속적인 자극 현상이라고도 볼 수 있고, 반대로 부교감신경의 과도한 흥분상태를 말하기도 합니다. 이러한 상황에서 태반 X가 인체에 주입되면 극도의 교감신경계 흥분상태를 일시적으로 만들게 됩니다.

스트레스에 익숙해져서 별 반항하지 않고 서서히 병들어가고 있는 인체를 더 강력하고 심각한 상태로 인식하게 만들어 우리 몸이 스스로 살고자 발버둥을 치게 만들어 준다는 것으로 보면 됩니다.

4. 자율신경계 이상과 태반치료

인체에는 자율신경이 있습니다. 그리고 교감과 부교감의 리듬이 조화를 이루어야 합니다. 이것을 놀이터에 있는 시소라고 비유해 봅시다. 한쪽은 교감신경, 다른 쪽은 부교감신경이라고 보는 겁니다. 그 시소의 상하 움직임이 크면 몸은 건강한 상태입니다. 반면 상하 움직임이 적으면 스트레스 상황입니다.

인체에는 약 6L의 피가 있고, 그 중 3L는 이 시소의 움직임에 따라 밀물과 썰물처럼 각 신경의 지배를 받는 조직으로 흘러가게 됩니다. 즉, 교감이 자극을 받으면 혈액이 교감신경의 지배를 받는 조직으로 많이 흐르고, 부교감이 자극을 받으면 부교감신경 쪽으로 흐르게 됩니다. 혈액과 함께 영양분도 이동하고, 청소하고 복구하는 세포들도 이동을 해서 자연 치유능력을 발휘하는 것입니다.

그러나 계속 스트레스를 받는 상황이 지속되면, 교감신경만 계속 자극을 받게 되고 부교감이 지배하는 조직으로 흐르는 혈액의 양이 적어지게 됩니다. 시소의 상하 움직임이 약하게 되는 것입니다.

그러면 부교감이 지배하는 조직인 피부, 위·장관계, 간, 자궁 점막 등에는 혈액의 흐름이 적어지게 됩니다. 피부 보습이 잘 되지 않고, 검버섯처럼 잡티가 많이 생기고, 발바닥에 각질이 많이 생기고, 소화불량, 변비, 생리 불순, 불임, 만성피로, 잇몸 약화, 우울증, 성력 감퇴, 위궤양, 신경성 대장염, 암 등의 현상이 생깁니다.

이처럼 자율신경계가 조절이 안 되는 현상이 지속되면, 반대로 부교감신경이 약간의 스트레스에도 민감하게 자극을 받게 되어 아토

피피부염, 류마티스, 알레르기, 천식 현상이 생깁니다.

이런 스트레스 상황인 인체에 태반 주사를 맞으면, 몸이 깜짝 놀라게 됩니다. 즉, 알 수 없는 미지의 강한 자극제가 들어온 것이라고 인식을 하게 되는 것입니다. 그것은 태반 X라는 '생체 자극소'입니다.

이 자극소가 부교감신경계를 자극하는 것이 아니라 교감신경계를 자극한다는 것이 중요합니다. 이 점이 태반 주사 요법을 동종요법이라고 보는 저의 소견입니다.

우리 몸의 교감신경 쪽 시소를 강하게 자극하여 그 쪽 시소를 누르게 되면, 일시적으로 교감신경 쪽으로 혈액이 흐르게 되고, 다시 강한 반동 작용이 일어나 혈류는 부교감 지배 영역으로 흐르게 되는 것입니다. 그러면 예전처럼 자율신경 시소의 상하 움직임이 크게 되고, 피의 순환이 원활하게 됩니다.

모든 문제는 흐름이 막혀 있는데서 출발하는 것이라고 봅니다. 밀물과 썰물이 빈번한 해변은 자정 능력으로 깨끗하지만, 고여 있는 물은 썩는 것과 같은 이치입니다.

5. 태반 주사 초기에 생기는 현상

임상에서 태반 주사를 처음 시도했을 때 나타나는 현상들에 대해 얘기해 보겠습니다.

일단 처음 주사약이 들어가면 스트레스 상황을 더욱 악화시켜 교감 신경계는 더욱 자극을 받게 되고, 부교감 신경은 일시적으로 마비 증세가 옵니다. 그러나 약 1시간이 경과하면, 그 반동 작용으로 부교감 신경계가 자극을 받게 되고 반대로 교감신경계는 풀어지게 됩니다.

태반 치료를 시작하면서 환자에게 들었던 소감은 다음과 같습니다.

1) 약 5분 정도 지나면서 약간 머리가 띵한 느낌을 받고 잠이 오기도 합니다. 그래서 약간 낮잠을 자고 나면 개운해집니다. 굉장한 스트레스 상태

2) 명치가 딱 막히면서 체한 듯한 느낌이 드는 분들도 있습니다. 그래서 급체라고 한의원에 가서 손가락을 침으로 땄다는 사람도 있습니다. 스트레스가 많은 상태

3) 몸이 몹시 피곤해지기도 합니다. 3회째 많이 생깁니다. 피로 회복에 좋다고 했는데 아니라고 판단을 하고 치료를 중단하게 되는 경우, 태반 주사를 맞은 것을 과신하여 여전히 음주가무에 주력한 경우 많이 생깁니다.

4) 만성 편두통으로 시달리던 사람이 주사를 한 번 맞자 30분 뒤에 두통이 사라졌습니다. 저수액압 증후군=뇌척수증

5) 불면증으로 고생하다가 오랜만에 아주 깊은 잠을 잤습니다.

6) 평소 좋지 않다고 생각되는 몸의 부위가 더욱 아파지기도 합니다.

7) 생리불순이거나 생리 양이 적었던 분이 주사 맞은 다음 날 생리

를 많이 하게 되었습니다.

8) 아무렇지도 않았습니다. 원래 체질이 강성인 경우

9) 눈이 밝아진 느낌이 들었습니다.

이런 현상들은 순간적으로 교감신경 쪽 시소가 잠시 눌린 상태가 되었다가 그 반동 현상이라고 보면 됩니다. 즉, 태반 주사가 서서히 몸 안에 퍼지게 되자 몸이 깜짝 놀라 계엄령을 내리는 현상입니다.

이럴 때 교감신경이 극도로 자극을 받고, 부교감 지배 영역은 순간 완전히 Off되는 현상이 생깁니다. 부교감 영역인 장에 순간 피가 가지 않으면 장이 썩을 수 있습니다. 그래서 우리 인체는 응급으로 모든 피들을 장으로 보내는 반사 작용을 나타냅니다. 손발에 있는 피들은 물론이고 뇌와 심장에 있는 피까지 몰려갑니다. 혈압도 떨어지고 심박도 작아집니다. 이마에 식은땀이 나면서 의식을 잃습니다. 사지가 매우 차가워집니다. 이런 현상이 생기다가 곧 정상으로 돌아갑니다.

6. 태반 주사의 궁극적 목적은 암 청소cancer clearance

다른 방법으로 태반 X가 인체에 들어간 상태를 비유해 보겠습니다. 인체가 강력한 무장공비 출현을 방송하고 예비군까지 동원해 경계경보를 발휘하자, 그동안 잠만 자던 원시 면역세포들이 잠에서 깨어나 몸 구석구석으로 순찰을 돌게 됩니다.

교감에서 부교감 영역으로, 부교감에서 교감 영역으로 순환을 하게 됩니다. 간첩이 있나 살피고 항 돌연변이 작용, 쓰레기 불법 투기 지역을 청소하고 간수치 개선, 피부 보습=잔주름 개선, 잡티 제거, 발바닥 각질 사라짐, 부교감 영역인 성욕도 자극되고, 시력도 좋아지고, 잠을 푹 자게 되니 꿈도 안 꾸고, 피로감도 적어지고, 우울증도 없어지고, 삶의 의욕도 생기고, 천형이라는 아토피도 많이 호전됩니다.

그런데 저는 여기서 궁극적인 효과는 암 청소라고 봅니다. 그 이외에 생기는 호전 현상은 '부수적인 것'이라고 자신 있게 말씀드립니다.

먼저 《면역 혁명》이란 책을 구입해서 읽어 보시면 많은 부분이 이해되리라 봅니다. '원시 면역 세포'란 말은 그 책에서 나온 말입니다.

'원시 면역 세포'란 말은, 동물의 진화론에 기초를 둔다면 처음 물 속에서 생활하는 생명체는 외부의 자극이 적은 상태입니다. 그래서 면역 세포의 대부분이 내부의 돌연변이를 감시하고 제거하는 활동을 했습니다.

그러한 면역세포가 외부 자극이 많은 상태, 즉, 스트레스가 많은 40대부터는 서서히 활동을 멈추게 됩니다. 외세 침입이 많은 터라, 내부는 소홀해진다는 원리입니다.

이 원시 면역 세포는 주로 위장관이나 폐, 자궁, 간 등에 많이 존재하는데, 호시탐탐 생기는 돌연변이를 제거해 주는 작용을 합니다. 그런데 40대가 지나면서 스트레스를 많이 받으면, 암 발생률이 높아집니다. 태반 주사의 성분 중 태반 X는 이러한 세포를 자극해 다시 왕성하게 활동을 하게 합니다. 즉, 암 발생을 억제하는 것입니다.

토마토와 태반 주사

토마토가 만들어내는 '리코펜'은
현존하는 가장 강력한 항산화 물질로 평가되고 있다.

《토마토 혁명》이라는 책을 읽었다. 토마토가 몸에 좋다는 보고가
굉장히 많다. 붉은 색과 노란색의 채소에는 '카로티노이드'라는 색소
가 함유되어 있다. 토마토는 '카로티노이드'류 식품 가운데서 가장
강력한 항산화, 즉 노화방지 효과가 있다. 토마토의 '카로티노이드'
색소가 어떻게 노화를 억제할까?

푸른 잎은 태양광선을 이용해 광합성을 한다. 그러다가 가을이라
는 계절로 접어들면서 서서히 추위에 노출된다. 서리를 맞게 되고,
밤은 점점 기온이 떨어진다. 점점 '스트레스'를 받게 된다. 그러면 토
마토라는 열매는 자신의 '항스트레스 물질'을 만들게 된다. 자신을

보호하기 위해 붉은색 색소를 지닌 '카로티노이드'를 합성한다. 이를 '리코펜'이라 한다.

토마토가 만들어내는 '리코펜'은 현존하는 가장 강력한 항산화 물질로 평가되고 있다. 인간에게도 토마토의 '리코펜'이 강력한 노화억제 물질로 작용한다.

그런데 토마토의 '리코펜'을 활성화 시키는 방법은 놀랍게도 가열을 해야 한다는 것이다. 그리고 올리브 오일이 첨가되면 인체 흡수율이 더욱 증가한다.

태반 주사 제재를 제조하는 과정에 대해 문득 궁금해진다. 태반을 냉장보관한 뒤, 염산으로 가수분해 하고, 고압 멸균처리를 하고, 가열을 하는 이유가 단지 간염이나 에이즈 등의 유해한 바이러스를 제거하는 데에만 목적이 있는 것일까? 혹시 토마토의 '리코펜'처럼 가열을 해야 세포부활인자가 더욱 활성화 되는 것은 아닐까?

마늘과 태반 주사

마늘의 가장 중요한 성분 중의 하나인 '알리신'과 '설파이드' 성분이 효과를 내기 위해서는 마늘의 껍질 바로 아래 있는 '알리나제'라는 효소가 활성화 되어야 한다.

마늘에서 태반 제재의 제조에 대한 비밀 하나를 엿볼 수 있다.

마늘은 스태미너를 좋게 하고, 혈액을 맑게 하고, 항암 효과가 있고, 강력한 항산화 물질인 '셀레늄'도 있다. 그런데 이 마늘을 어떻게 먹어야 좋은가?

마늘은 일단 가열하면 효과가 다소 떨어진다. 그러니 고깃집에서 마늘을 구워 먹지 말아야 한다. 마늘의 가장 중요한 성분 중의 하나인 '알리신'과 '설파이드' 성분이 효과를 내기 위해서는 마늘의 껍질 바로 아래 있는 '알리나제'라는 효소가 활성화 되어야 한다.

'알리나제'는 사람이 씹을 경우, 마늘 속의 '알린'과 작용해 '알리신'

을 만든다. 문제는 알리나제가 열에 약해 가열을 하면 쉽게 파괴 된다는 점이다. 따라서 마늘은 껍질째 가열하면 안된다.

미 국립암 연구소에서 마늘은 껍질을 깐 뒤 다지고 나서 10분 정도 두어야 효소가 활성화되어 '알리신'과 '설파이드' 등 활성 성분과 항암 성분이 가장 많이 생긴다고 발표했다. 즉, 마늘을 까고 다진 후 몇 분 동안 효소작용에 의해 '알리신'과 '설파이드'가 충분히 생길 때까지 기다려야 한다.

일단 '알리신'과 '설파이드'가 생기면 이들은 열에 강해서 가열해도 효능이 제대로 발휘된다.

신선한 태반을 영하 2~4도 추위라는 스트레스 아래 2~3일간 두어야 세포 부활 인자가 만들어지고, 일단 세포 부활 인자가 만들어지면 가열을 해도 열에 견딘다.

그런데 신선한 태반을 그냥 한 덩어리로 냉장실에 보관하는 것이 좋을까? 혹시 마늘처럼 껍질을 벗기고 다지듯이 태반의 껍질을 벗기고 칼로 태반을 조각내어 내부에 있는 조직들도 추위라는 스트레스에 바로 직면하도록 해주어야 부활 인자들이 더욱 많이 만들어지는 것은 아닐까?

적포도주를 통해 바라보는 태반요법

스트레스를 받은 포도나무는 자신의 부활 인자인 포도 씨가 다시 살 수 있도록
더욱더 많은 영양 성분을 포도 알에 저장하게 된다.

적포도주의 생산지로 유명한 프랑스 루삭, 왜 이 지방의 포도가
유명한가? 토양과 자연 환경이 좋으니 여러 가지 이로운 점이 있을
것이다. 그런데 여기에도 재미난 '스트레스 요법'이 숨어 있었다.

포도의 수확은 10월에 이루어진다. 포도 수확이 가까운 어느 저
녁, 마을 주민들이 모두 광장에 모인다. 그리고 포도밭으로 간다. 그
런데 왜 하필 저녁에 모여서 포도밭으로 갈까? 포도밭에서 하는 일
은 무엇일까?

루삭 마을 주민들은 포도 나뭇가지의 잎을 제거한다. 포도나무의
잎을 제거한다는 것은 얼마나 심한 스트레스를 주는 일인가.

스트레스를 받은 포도나무는 자신의 부활인자인 포도 씨가 다시 살 수 있도록 더욱더 많은 영양 성분을 포도 알에 저장하게 된다.

포도에는 '레스베라트롤'이라는 물질이 있다. 이 물질은 식물이 스트레스를 받을 때 생성되는 물질이다. 토양 중 자양분이 부족하면 식물은 이 스트레스에 대응하기 위해 많은 화학 물질을 분비한다.

그 중 하나가 '레스베라트롤'이고 나머지는 파랑, 노랑, 빨강과 같은 매우 강렬한 색소들이다. 이렇게 스트레스로 인해 생긴 물질이 스트레스로 병에 걸린 인간의 몸을 이롭게 하는 것이다. 태반요법도 그러하다고 본다.

태반 치료의 정신

서독의 땅을 밟고 자유의 품에 안긴 그들이 시원한 코카콜라를 마시는 순간,
코카콜라는 '자유'라는 브랜드가 되었다.

코카콜라의 브랜드 마케팅 중, 한 에피소드를 보고 정말 놀랐다. 독일이 통일될 무렵, 동서독을 가로지르는 장벽을 망치로 부수고 허물어 동독 사람들이 자유의 땅 서독으로 넘어오던 그 역사적인 날, 미국 코카콜라 본부는 서독 코카콜라 지사장에게 급히 전화로 지시를 했다고 한다.

코카콜라를 몽땅 싣고 장벽이 허물어지는 그 역사적인 장소로 신속히 가서 장벽을 허물고 자유의 품으로 넘어 온 동독 사람들에게 코카콜라를 무료로 나누어 주라는 것이었다.

서독의 땅을 밟고 자유의 품에 안긴 그들이 시원한 코카콜라를 마

시는 순간, 코카콜라는 '자유'라는 브랜드가 되었다.

그런데 우리가 연구하는 태반 주사는 지금 한국에서 어떤 브랜드로 인식되고 있을까?

돈벌이에 급급한 의사들의 돈벌이 수단으로, 독점 수입업체의 거만함과 횡포 때문에 짜증나는 제품으로, 수입한 분들에게는 어마어마한 돈벌이가 되어 사촌이 논을 사면 배가 아프듯이 약이 오르는 제품으로 인식되고 있다.

그래서 매스컴은 연일 태반 주사를 코너로 몰고 가 신나게 두들겨 패서 기진맥진한 상태가 되도록 만들고 싶어하는 것처럼 보인다.

선인들이 각고의 노력으로 알게 된 소중한 나눔의 산물인 태반 주사를 돈벌이에 급급한 몰염치한 수단으로 치부해 버리게 된 것이다. 그리고 확인되지 않은 효과를 과대선전하는 비학문적인 사이비로 만들었다.

그러나 태반 치료의 정신은, 건강하게 분만한 우리가 모르는 어느 누군가의 어머니 '덕분에' 우리가 나누어 가지게 된 사랑이다.

태반 공부를 하다 보니

더 많은 것을 알고자 서로의 경험을 주고받는 것이니
이것은 베풂이 아니라
서로 주고받는 배움이라고 봐야 할 것이다.

태반 이야기 하다가 스승님과 선배님으로 부터 충고를 많이 들었다. '성형외과 의사로서 태반에 대해 너무 나서서 이야기 하지마라', '항상 표적이 되는 성형외과 의사가 신빙성 없는 이런 류의 이야기는 하지 마라', '좋다면 너 혼자 조용히 써라', '너를 아껴서 하는 이야기다' 같은 내용이다.

이건 거의 종교가 다른 두 부류의 이야기처럼 느껴진다. 어쩌면 종교처럼 믿음과 확신의 차이인 것 같다. 경제적인 논리로 보면, 옆 사람은 모르고 우리끼리만 알아야 도움이 되는데…. 아는 것이라는 것도 어쩌면 하찮은 발견 정도일 뿐인데….

더 많은 것을 알고자 서로의 경험을 주고받는 것이니 이것은 베풂이 아니라 서로가 주고받는 배움이라고 봐야 할 것이다. 서로 스승이 되고 서로 제자가 되는 과정이라 하겠다.

　우리가 태반을 선전하는 것은 아니니 완전히 등한시하는 분들을 설득시킬 필요는 없다고 본다. 다만 그들이 벽에 부딪혔을 때 우리는 또 다른 문제를 풀 수 있는 해답에 관한 정보를 하나 더 알고 있는 것이라고 생각한다.

　더 열심히 해야겠다. 어차피 열풍은 사그라질 것이고, 아는 자만 남아서 열심히 할 것이므로.

　어쩌면 다른 이들 눈에는 종교집단처럼 보일 수 있을지도 모른다. 진리에 대한 탐구를, 과학적으로 증명을 해주려고 하다 보면, 스스로 옥죄이는 일이 될 수도 있을 것이다.

　어느 여선생님이 인터넷에 올린 글 중에 암으로 고생하시는 아버님이 대체요법을 이용해 치료하셨다는 이야기가 생각난다. 내 말을 믿지 못하는 분들도 벽에 부딪히면, 내게 연락을 하리라.

십자가와 생명 부활 인자의 비밀

질병이란, 고통에서 벗어나는 방법과,
생명 부활의 비밀을 알려주시기 위한 암시가 아니었을까?

　태반을 치료에 응용하게 된 것에 관해 공부하다 보니 조금은 엉뚱한 상상을 하게 되었다. 종교적인 시각에서 책망하지 말기 바란다.

　출산 후 태반 조직은 여전히 살아있는 세포 덩어리였다. 그런데 탯줄이 절단되자 영양 공급과 산소 보급이 끊어지게 된다.

　태반 덩어리를 구성하는 수억의 세포는 서서히 죽어간다. 생화학적으로 자가 붕괴현상이 일어나게 된 것이다. 그 과정에서 각각의 세포는 자신의 부활을 위해 세포 부활 인자를 만들어내게 된다.

　소나무가 척박한 환경에 처하면 솔방울을 많이 만들어내는 것처럼, 난초가 살기 어려운 환경에 처하면 꽃을 피워 씨를 만드는 것처럼.

그 세포 부활 인자가 만들어지는 데 사흘이라는 시간이 필요하다.

남태평양 섬나라에 식인종이 살았다. 그런데 식인이란 것이 음식을 섭취하기 위한 풍습이 아니라고 한다. 전쟁에서 전사한 자신의 가족이나 부족의 인육을 먹었다는 거다. 가족의 죽음을 슬퍼하면서 죽은 이를 자신의 몸 안에 간직하기 위해서 말이다.

예수님은 왜 십자가에 못 박혀 돌아가시게 되었을까? 분명 하느님께서 그렇게 계획을 하셨을 것인데, 단숨에 고통 없이 돌아가시게 하지 않고 그렇게 엄청난 고통을 받으시면서 서서히 운명하시게 한 이유는 무엇일까?

최후의 만찬에서 예수님은 제자들에게 포도주를 돌리시면서,

"이것은 나의 피다, 마셔라." 하시고,

떡을 돌리시면서,

"이것은 나의 살이다, 먹어라." 하시고,

"나를 기억하라." 하셨다.

교회에서는 미사 때나 세례식 때 성찬 의식을 한다. 왜 하필 예수님을 기억하기 위해 피와 살을 먹는 의식을 하게 되었을까? 그냥 십자가만 보아도 충분히 기억을 할 수 있을 텐데 말이다.

그것은 하느님께서 동물의 몸으로 살아가는 인간에게 질병이란 고통에서 벗어나는 방법과, 생명 부활의 비밀을 알려주시기 위한 암

시가 아니었을까?

십자가에 매달린 채 서서히 엄청난 고통을 받으시면서 숨을 멈추게 되는 과정 속에서, 인간이 질병이라는 삶의 고통에서 자유로워지는 생명 부활 인자가 생긴다는 비밀.

그리고 사흘 후 부활하신 것처럼 그 생명 부활 인자가 생성되려면 사흘간의 숙성이 필요하며, 피와 살을 섭취함으로써 그 부활 인자를 획득할 수 있다는 비밀.

또한 인간의 몸을 다시 태어나게 하는 것은 다른 생명체의 고통과 죽음을 통해 이루어진다는 비밀.

태반 치료를 공부하다가 이런 엉뚱한 상상을 해보았다.

개소주

고통 속에 죽어가는 세포는 세포 부활 인자를 분비한다.

최윤영 선생님께서 나에게 흥미로운 이야기를 해주셨다.

일반외과 의국 시절 위장과 피부 사이에 구멍이 생긴 환자가 있었다고 한다. 그 환자는 일단 입으로는 음식 섭취를 전혀 하지 못했다. 수술로 구멍을 닫아보지만, 강력한 위산이 살을 녹여버려 다시 구멍이 생기기 때문이었다.

수술도 여러 번 했으나, 위산이 복강 안으로 흘러 들어가면 창자를 다 녹이게 되므로 다시 피부로 구멍이 났다. 문제는 위산이 조직을 녹이는 속도와 조직이 재생되어 붙는 속도의 차이였다. 즉, 위산이 조직을 녹이기 전에 살이 빨리 재생되어 아물어야 하는 것이다.

그때 과장님께서 그 환자 보호자를 조용히 불렀다. 모든 방법을 다 동원해도 안 되니 민간요법을 한번 적용해 보자고 하셨다. 그 민간요법은 바로 '개소주'였다. 우리가 흔히 보는 개소주는 비닐봉지에 들어있는 검은 색의 한약 모양인데, 과장님은 맑고 투명한 물처럼 된 개소주를 만들어 오라고 보호자에게 얘기를 해줬다.

맑고 투명한 개소주란 무엇인가? 물 안에 개고기를 담궈 삶는 것이 아니고 스팀으로 개고기를 찌는 형태라고 할까?

개고기를 스쳐 지나 올라온 증기를 모은 액을 개소주라고 한다. 소주를 만드는 방법으로 약을 만들었다고 개소주라고 하는 것 같다. 즉, 누렁이를 가마솥에 푹 고아서 그 증기를 받은 물만 마시니 그 난치성 상처가 마침내 막혔다는 이야기이다.

개소주라는 액체 안에 과연 무엇이 들어 있길래 난치성 상처를 낫게 했단 말인가? 약간 끔찍한 이야기지만 개소주가 약이 될 수 있었던 비밀은 고통이다. 고통 속에 죽어가는 세포는 세포 부활 인자를 분비한다. 그 세포 부활 인자들은 고압 고온으로 끓일 때 증기 속으로 스며들어 정화된 순수 결정체로 만들어지게 된다. 이 물질이 우리 몸에 들어와 난치성 상처의 치유를 도운 것이다.

한 생명체를 구하기 위해서는 다른 생명체의 고통스런 희생이 있어야 한다. 이것이 어쩌면 태반 주사와 동일한 것이 아닐까?

우울증 치료

태반 주사는 우울증에 효과가 좋은 것 같다.

    얼마 전 서울에 있는 처남의 소개로 대구에서 사시는 60대 아주머니께서 병원을 방문하셨다. 젊었을 때는 아주 미인이었던 것 같은데, 내가 만났을 때는 찡그리는 인상에 안색이 어두웠다.

    그런데 그동안 정신과에서 계속 치료를 받으셨고, 심한 우울증으로 거의 잠을 못 주무신다고 했다. 수면제를 먹어도 거의 한 시간밖에 못 자는 상황이고, 낮이면 항상 피곤해서 눈을 못 뜰 정도였다.

    그런데 오늘 오신 것이 다섯 번째 방문인데 표정이 많이 밝아지셨고 안색이 환해지신 것 같다.

    "요즘 기분은 어떠세요?"

"선생님과 이야기를 나눈 후 기분이 많이 좋아졌습니다."

"꿈에 아기가 요즘도 보이십니까?" 꿈 해몽할 때 아기는 근심을 뜻한다.

"요즘은 잠도 전보다 많이 자고 아기도 보이지 않습니다."

"수면제 드십니까?"

"요즘은 먹지 않습니다."

"소화는 잘되십니까?"

"청국장 가루를 먹고 나니 방귀가 많이 나와서."

"오늘은 멜스몬 주사를 맞고 가시고, 다음 주에는 한 번만 오셔도 되겠습니다."

자세한 내용은 개인 면담이라 밝힐 수 없다. 그러나 처음 상담할 때 얼마나 우셨는지, 대기실에 앉아계신 분들이 수술 부작용으로 울었다고 오해하실까 봐 걱정이 될 정도였다.

"감사합니다. 감사합니다. 감사합니다."

실컷 우신 아주머니가 이렇게 세 번씩 인사를 하고 나가시자, 그제야 손님들의 표정이 부드러워졌다.

쌍꺼풀 수술 잘 했을 때보다 이런 경우 몇 백배 기분이 더 좋다. 태반 주사는 우울증에 효과가 좋은 것 같다.

기미와 태반 치료

사모님! 깨끗한 물을 계속 부어넣다 보면 물이 넘쳐서 얼굴이 좋아지는 거예요.

　두 달 전 43세 여자 분이 화장품을 사러 저희 병원에 내원하셨다. 다른 분에게 좋은 화장품이 있다는 소문을 듣고 왔다고 하셨다. 얼굴에 기미가 다 덮여 있는 상태였다. 기미 때문에 안 해본 것이 없고, 안 발라본 화장품 없다고 하신다.

　처방은 석달동안 태반 주사 2앰플씩 일주일에 두 번, 가루 청국장 하루 세 번 복용, 파이토 플라본식물성 여성 호르몬. 한 알씩, 종합 비타민, '엔슈어'흡수가 빠른 종합 영양 파우더 그리고 초란을 하루에 두 번 마시기.

　한 달 경과 후,

"선생님! 기미가 더 심해 졌어요. 보세요! 제 얼굴. 하라는 대로 다 했는데, 조금이라도 좋아지는 느낌이 있어야 계속 할 것 아니에요."

그 때 내가 한 설명은 '물컵 이야기'였다. 침전물이 바닥에 두껍게 깔려 있고 부유물이 둥둥 떠다니는 오염된 물이 담겨있는 물컵.

"사모님! 깨끗한 물을 계속 부어넣다 보면 물이 넘쳐서 얼굴이 좋아지는 거예요. 지금 기미가 더 진해보이는 것은 병이 좋아지기 전에 나타나는 현상인데, 바닥에 있는 침전물이 몽땅 일어나서 더 뿌옇게 되는 것이랍니다. 눈 딱 감고 석 달만 해보세요."

한 달 뒤 그 여자분이 나를 좀 보자는 거다. 두 달째인데 얼굴이 엄청나게 깨끗해졌다. 약 열흘 전부터 확 좋아지더란다. 일단 사진부터 찍어 놓았다.

이제부터 필링용 화장품도 바르라 했고, 초란을 좀 더 묽게 드시라고 했다. 좋아서 '호호호' 하는 아줌마를 보고 기분이 좋아 써본 글이다.

태반 치료 열성분자

태반 주사의 궁극적인 목적은 암 청소입니다.

너무 사적인 얘기지만 태반 치료는 의사 자신의 확신이 있어야 한다. 그래서 학문적이지 않은 사소한 내 얘기를 한번 하려고 한다.

내가 태반을 처음 본 것은 PK시절 산부인과 분만실에서 실습을 할 때였을 거다.

그리고 태반이 정말 싫었을 때는 성형외과 레지던트 1년차 시절이었다. 그 때 화상을 태반의 양막으로 치료했다. 그래서 산부인과에서 분만이 있다는 연락을 받으면 지칠대로 지친 몸을 이끌고 달려가서 싱싱한 태반을 구해야 했다. 냉동이 되면 양막을 분리하기 어렵기 때문이었다.

화상은 추운 겨울이 성수기이다. 쥐로 실험을 하는 추운 실험실에서 싱싱한 태반의 양막을 분리해 거즈에 말아 유리 사례에 담고 하얀 반창고로 밀봉해 제조일을 적고 냉장고에 보관한다.

문제는 보관한 지 일주일이 지나면 색깔이 누렇게 변하고 곰팡이가 펴서 사용을 하지 못하게 되니, 매주 수시로 만들어야 한다는 것이다. 어쩌다 잊어버리고 안 만들었는데 화상 환자가 오면 윗 년차 선배에게 혼나고, 당장 달려가서 만들어야 했다.

내가 수련한 동산의료원에서 화상을 태반으로 치료한다고 얼마나 환자들이 많이 왔는지 모른다. 그 때 했던 게으른 생각이 하나 있었다. '이 태반 양막을 어떻게 하면 오래 보관해 사용할 수 있을까?'

그런데 이것이 제품이 되어 나왔다. 그 때 회사를 차렸어야 되는데, 아깝다!

2003년 9월경 멜스몬을 처음으로 접하게 되었다. 태반 주사로 다음과 같은 환자들을 치료하게 되었다. 스트레스성 범발성 탈모 환자, 만성 기관지 천식환자, 자발성 두개내 저뇌압 spontaneous intracranial hypotension, 우울증, 수술 후 부종과 멍 제거, 간질환, 요통, 갱년기장애, 알레르기 비염, 피부 악 건성, 불면증, 생리 불순…. 내가 과연 성형외과 의사인지?

태반 치료를 주로 하시는 일본의 한 의사 분의 첫 소감이 나를 감동하게 했다.

"저는 날마다 감동하면서 진료합니다."

나도 요즘 매일은 아니지만, 조금씩 감동하면서 진료를 하고 있다. 그리고 '의사 되기 참 잘했구나'하고 생각한다. 열린 눈으로 보면, 정말 할 것이 너무나 많다.

2003년도 10월 경 아버님께서 위암 선고를 받고 수술을 하셨다. 당시 위암 초기였지만 발생 부위가 위 상부여서 전체 위 절제술을 받으시고 고통이 많으셨다.

췌장관이 상처를 받았는지 배액관으로 누렇다 못해 시커먼 액체가 계속 나오는데, 외과 선생님들께서 헌신적으로 치료해 주신 덕에 약 두 달 입원생활을 마치고 현재는 건강하시다.

그런데 그 암이란 것이 도대체 언제 생겼을까?

아마 1999년에 시작했다고 본다. 왜냐하면 그때 집안 형편이 기울어 마음 고생이 심하셨기 때문이다. 그래서 나는 이렇게 생각을 정리했다. '스트레스가 암을 발생시켰다. 아니, 그동안 암 생성을 억제하던 고유의 방어시스템이 무너진 것이다.'

하루에도 인체에는 약 40개의 돌연변이가 발생하고 그것들을 소멸시키는 자체 청소 세포들이 활동한다. 몸을 방어하는 것이 면역시스템이고 이것을 조절해 주는 것이 자율신경계이다.

태반 치료는 이 방어시스템을 더욱 강화시키고, 흐트러진 자율신경계를 안정시키는 치료이다. 그래서 태반 주사 한두 번 맞아보고 별 효과가 없다는 둥, 비싸기만 하다는 둥 언짢아하는 환자들에게 나는 이렇게 말한다.

"피부 좋아지고 기미 없애는 게 태반 치료의 목적이 아닙니다. 태반 주사의 궁극적 목적은 암 청소입니다. 즉, 스트레스를 이겨내는 힘을 준다는 것이지요. 매년 건강검진을 받으면 뭐합니까? 암이 발견되면 그만인데, 그 전에 미리미리 태반 주사 일 년에 적어도 한 달씩이라도 꾸준히 맞고 암 청소해서 암을 예방하는 게 더 중요한 일 아닙니까?"

나는 솔직히 확신을 한다. 이렇게 설명하면, 환자들은 100% 이해하고 치료에 응한다. 이상이 내가 태반에 열성분자가 된 이유다.

암을 치료할 수 있는 비밀

체온을 높이면 암세포를 제거할 수 있다.
체온을 높이려면 피가 가야 한다.

1.

암이란 무엇인가? 너무 거창한 질문인 것 같지만 한 마디로 정의하자면 죽음에 직면한 세포가 살기 위한 '불멸의 돌연변이'라고 생각하면 어떨까 싶다. 그런데 이 내용이 태반을 치료에 적용한 '조직요법'에 나온 아래 문구와 유사하다.

1) 몸으로부터 분리된 동물 혹은 식물 조직은 생활하기 힘든 환경요인이 작용하면 생화학적으로 조직상태가 변하게 된다. 그리고 조직 안에서 생화학적 과정을 자극하는 물질이 생긴다. 불리한 조건

에서 조직의 생활 과정을 지킬 수 있게 도와주는 물질을 생물에서 태어난 자극소, 짧게 말해 '생물원 자극소'라고 명명했다. 그 물질은 조직이 힘든 상황에 처해 있는 동안 그 조직 안에 생긴다.

2) 생물원 자극소는 여러 가지 방법으로 생물원 자극소를 많이 함유한 조직을 이식하거나, 혹은 그 엑기스를 어떠한 유기체 안에 주입하게 되면 그 생활 과정을 활성화하게 된다.

생물원 자극소는 유기체의 물질대사를 활성화함으로써 유기체의 생리기능을 높이고 병인에 대한 저항력을 강화시키며 세포의 재생력을 향상시켜 건강 회복을 돕는다.

위의 글을 읽어 보면, 생물원 자극소가 만들어지는 조직은 엄청나게 스트레스를 받은 상태이고, 생화학적 상태가 변한다는 것은 암세포로 변화한다는 말이다.

그렇다. 암은 생물원 자극소를 가득 지닌 변이된 슈퍼 세포이다. 살려고 너무 몸부림치다가 몸 전체가 죽게 되면 자신도 결국 죽게 된다는 것을 알지 못하는 슬픈 드라마.

암 종양 제거 수술을 받은 환자에게, 제거한 암 종양을 태반을 처리하는 과정대로 주사액을 만들어 환자에게 주사하면, 말기 암환자에게도 큰 도움을 줄 수 있지 않을까.

2.

얼마 전 대구에 최악의 황사가 덮쳤다. 중국에서 불어오는 황사는 온난화로 인한 사막화가 근본적인 원인이다. 열대 우림으로 우거진 지역이 가뭄으로 인해 서서히 사막으로 변하고 있는 것이다.

그러면 식물들도 사막이란 환경속에서 생존할 수 있는 상태로 바뀌게 되는데, 대표적인 식물이 '선인장'이다. 암세포는 바로 이 선인장과 같다. 암은 조직에 피가 가지 않아 생기는 현상이다.

어떤 조직에, 왜 피가 가지 않는가?

우리 몸에는 자율신경계라는 것이 있다. 교감신경과 부교감신경으로 나뉘는데 이를 '양'과 '음'이라 표현할 수도 있다.

스트레스가 오면 교감신경이 지배하는 조직으로 피가 몰린다. 편안해지면 부교감이 지배하는 장기로 피가 몰린다. 그런데 인체의 장기에는 피가 가는 순서가 있다. 그리고 그 순서라는 게 사람마다 다르다. 이것이 한방에서 말하는 체질인 것이다.

어느 집안은 위장에 암이 많이 생긴다. 어느 집안은 간에 암이 많이 생긴다. 암이 생기는 장기는 피가 가는 순서 중, 가장 마지막인 것이다. 피가 마지막 장기에 도달하기도 전에 스트레스를 받아 몸이 긴장을 하게 되면 교감신경계의 장기로 피가 가버린다.

이런 일들이 자주 반복되면 피가 적게 가는 장기는 사막처럼 변하게 되는 것이다.

피가 조직에 가서 하는 일은 영양 공급과 조직의 청소이다. 그러므로 피가 잘 가지 않는 장기에 서서히 돌연변이 세포가 생기는데 이를 제거하지 못하는 것이다. 왜? 피가 가지 않으니까!

암이 생긴 장기는 온도가 다른 장기보다 1도가 낮다. 체온은 36.5도인데 암이 생긴 장기는 35.5도이다. 그러니 체온을 높이면 암세포를 제거할 수 있다. 체온을 높이려면 피가 가야 한다.

선인장을 죽이는 방법은 간단하다. 물을 많이 주면 된다.

명현 현상과 유리컵

인체를 올바르게 치료한다는 것은 새롭고 깨끗한 에너지를 넣어주는 것이다.
다른 면에서 보면 침전물을 없애버리는 것이기도 하다.

환자를 치료하다보면 '명현 현상'을 경험하게 되는 경우가 종종 있다. 기수련을 하다가도 그런 경우가 많다고 한다. 그 부분에 대한 내 짧은 비유는 아래와 같다.

인체를 물이 가득 담긴 유리컵이라고 생각하자. 바닥에 더러운 침전물이 쌓여있고, 부유물이 둥둥 떠다니는 오염된 물이 담긴 컵. 컵의 높이는 그 사람의 수명이고 침전물의 높이는 나이age라고 보자.

침전물은 두껍게 있으나 물이 맑은 상태를 우리는 단순히 건강하다고 본다. 더욱 엄격히 말해 그 나이에 맞게 건강하다고 볼 수 있다. 그런데 바닥에 깔려 있던 침전물이 떠올라 부유물이 되어 물이 혼탁해지면 우리는 병이 난 것으로 안다. 병원에서 치료한다는 것은 이 부유물을 가라앉게 하는 것이다.

그런데 열이 나면 열을 내리게 하고, 기침이 나면 기침이 나지 않게 하고, 근본적인 치유는 되지 않는 경우가 있다. 그렇다면 이 컵 안에 있는 물을 깨끗하게 하기 위한 방법은 무엇일까?

1) 물을 쏟아버리고, 깨끗한 물을 새로 붓는다.

　– 인체를 그렇게 할 수는 없잖아요! 그러면 죽잖아요.

2) 깨끗한 물을 컵에 계속 붓는다.

　– 그러면 물이 넘치면서 컵 안의 물은 점차 희석되고, 깨끗한 물로 바뀌겠지요.

인체를 올바르게 치료한다는 것은 2)번과 같은 방법으로 새롭고 깨끗한 에너지를 넣어주는 것이다. 다른 면에서 보면 침전물을 없애버리는 것이기도 하다.

그러면 몸이 나아지면서 생기는 명현 현상을 어떻게 볼 것인가?

깨끗한 물이 들어가면, 바닥에 깔려 있는 침전물들이 위로 퍼지기 시작한다. 그러면 부유물들이 더 많이 생기게 되니 물은 더 혼탁해진다. 바닥에 깔린 침전물의 농도가 진하고 세월이 오래된 섯일수록 혼탁한 정도가 더 오래 간다.

이러한 과정을 반드시 거쳐야 인체가 깨끗해진다고 볼 수 있다. 이를 명현 현상이라 볼 수 있을 것이다.

태반 주사 앰플 흔들기

많이 흔들수록 주사 효과는 더욱 강력해집니다.

동종요법의 가장 중요한 근본은 '희석과 진탕'이다. 희석을 시키고 흔드는 이유는 핵심 물질의 '순수화와 활성화' 때문이다. 이 부분을 이야기하려면 긴 글이 되니 이 쯤에서 중단한다.

국산 태반 주사의 40%가 효과가 없다는 뉴스가 나가고 난 뒤, 환자분들이 제품에 대해 의심을 많이 하게 되었다.

국산이냐 일본산이냐가 문제가 아니라, 자신이 맞는 주사약이 어느 회사 것인지 확인시켜 드려야 한다.

주사를 맞는 분들에게 자신이 맞아야 하는 주사 앰플을 드리고, 약 100번 흔들고 난 뒤 주사를 맞게 해 봤다. 그 이유는 세포 활성 인자를 증폭하기 위해서이다. 그러면 매우 재미있는 현상이 생긴다.

"원장님들께서 먼저 해 보시기 바랍니다. 효과가 더 강력하다는 느낌을 받으실 겁니다. 많이 흔들수록 주사 효과는 더욱 강력해집니다."

얼굴에 태반 주사 맞기

주사한 부위가 볼록하게 한 열흘 지속되다가 얼굴에 윤기가 나자
다른 시술보다 더 만족해 했다.

얼굴에 팔자 주름, 꺼진 볼살, 약간 꺼진 이마 등에 지방이식과 필러 시술을 자주 하시는 여성분이 계셨다.

채취한 지방이 다 떨어져 비싼 필러 주사를 서비스해 드리다가 얼굴에 태반 주사를 필러처럼 시술해드렸다. 주사한 부위가 볼록하게 한 열흘 지속되다가 얼굴에 윤기가 나자 환자분은 더 만족해 했다.

시술 자체가 간호사가 할 수 없는 부위라 의사가 직접 시술해야 하고 환자들은 필러에 비해 훨씬 저렴하니 매우 만족해 하신다. 얼굴은 볼륨이 있게 되었고 혈액 순환도 좋아졌다.

시술 주기는 약 2주에 한 번씩. 멜스몬은 얼굴에 주사 직후 부종이

덜하고 라에넥 계열은 부종이 심해 내심 걱정을 했었는데 약 30분 지나니 부종이 사라졌다.

용량은 양측 팔자 주름에는 1앰플 즉 2cc면 충분한 것 같고, 미간에 보톡스와 더불어 꺼진 부위에 1cc면 충분하다.

마취 연고를 바르고 충분히 기다린 후 주사해야 하며 멜스몬이 좋을 것 같다. 주사하기 전에 멜스몬과 더불어 주사기에 리도케인을 0.1~2cc 미리 재어서 주사하는 것이 더 좋을 듯하다.

키 작은 사과나무

키 작은 사과나무

내 사주를 풀어보면 '키 작은 가을 사과나무'다.

내 사주를 풀어보면 '키 작은 가을 사과나무'다.

사과나무는 키가 작다. 사과가 주렁주렁 달려 있는 가을의 사과나무는 사과가 많이 달릴수록 가지는 축 휘어져 힘들다. 누군가 빨리 사과를 가져가면 편안해질 텐데….

하지만 곧 겨울이다.

여기서 사과는 재물을 의미한다. 나무는 열매를 가지고만 있을 뿐, 팔아서 재물을 만드는 것은 다른 이의 몫이다. 어째 좀 허망하다는 생각도 들지만 그 역할도 재미는 있다.

풍족하게 수확을 하고 사과가 다 없어지면, 겨울이다. 말년에는 산에 공부하러 간단다.

이왕이면 가을 사과나무로 인해 나와 가까운 사람들이 행복해지면 좋겠다. 또한 필요한 만큼의 사과를 따서 가져가 행복의 씨앗이 되어 널리 퍼지면 좋겠다.

그렇게 말년이 되면, 다함께 껄껄 웃으며 따뜻하게 지내고 싶다.

윤회

너무 좋아도 너무 크게 웃지 말고 슬퍼도 너무 크게 슬퍼하지 마세요.

제 종교는 기독교이지만 윤회는 믿고 싶습니다. 인생에 윤회가 없다고 본다면 허망하게 이별하는 이들이 얼마나 안타까울까요?

인생에는 굴곡이 있습니다. 하루에도, 한 달에도, 한 해마다, 그래프처럼 낮았다가 높아지는 파동들, 미세한 굴곡들을 멀리서 보면 그것들은 하나의 선처럼 또 다른 모양의 굴곡을 그리고 있습니다. 인생 전체를 보아도 또한 마찬가지입니다.

가난하게 살다가 재벌이 된 사람이 있는가 하면 재벌의 아들로 태어나 자살한 사람도 있습니다. 그래프는 일정하게 상하로 곡선을 그리고 있는데 시작하는 시점과 끝나는 시점에 따라 우리는 '성공' 혹은 '실패'라고 말합니다.

하지만 그 끝은 진정한 끝이 아니요, 시작 또한 우연이 아닌 것입니다. 만남도 헤어짐도 우리가 이전에 행했던 업으로 인한 보상이지 않을까요? 그 카르마에 대한 보상은 때론 행운으로 때론 불행으로 우리에게 다가옵니다.

인생은 어쩌면 기나긴 시험과 닮았습니다. 수많은 삶을 되풀이 하면서 또 다시 이 세상에 던져진 우리는 시험을 다시 봐야 하는 재수생들인 것 같습니다.

그러니 너무 좋아도 너무 크게 웃지 말고 슬퍼도 너무 크게 슬퍼하지 마세요. 이생이 힘든 이유는 이전의 생이 편하였기 때문이고, 나를 괴롭히는 인연은 이전의 생에서 내게 괴롭힘을 당한 인연들일 수도 있을 테니까요.

귀천

천상병

나 하늘로 돌아가리라

새벽빛 와 닿으면 스러지는

이슬 더불어 손에 손을 잡고,

나 하늘로 돌아가리라

노을빛 함께 단 둘이서

기슭에서 놀다가 구름 손짓하면은.

나 하늘로 돌아가리라

아름다운 이 세상 소풍 끝내는 날,

가서, 아름다웠더라고 말하리라.

이생을 소풍이라 표현한 천상병 시인이 너무 멋있습니다.

가까운 사람에게 잘해주자

너무 가깝기 때문에
다 이해하리라 믿고 관심을 덜 가져준 것이다.

준영이라는 친구가 있다. 그 집 아들은 초등학생인데 학교에서 가훈을 적어오라 했단다. 그래서 친구는 이번 기회에 가훈을 하나 만들어야겠다고 생각했다. 이래저래 생각 끝에 만든 가훈은 이러했다.

'가까운 사람에게 잘해주자.'

거창한 가훈들 틈에서 조금은 시시해 보이는 가훈이기도 하다. 그러나 평범함 속에서 뿜어내는 내공에 모두 고개를 끄떡이게 된다.

가훈 덕분에 둘째 아들의 생활 태도가 가장 많이 바뀌었다.

"형은 나하고 가까운 사람이니까 싸우지 않고 잘 해줘야지."

"짝은 나하고 가까우니까 떡볶이 하나 더 먹어라."

참 쉬운 말인데 우리로 하여금 많은 것을 반성하게 한다. 우리는 가까운 사람들에게 너무 소홀히 했다. 너무 가깝기 때문에 다 이해하리라 믿고 관심을 덜 가졌던 것이다.

이 가훈을 읽고 가만히 생각에 잠겨보면 갑자기 부모님에게, 아내에게 전화를 걸고 싶어진다. 그리고 나와 함께 개업한 형님들에게 앞으로 더욱 잘해야겠다는 다짐을 하게 한다.

이 말을 들은 어느 후배는 이렇게 말한다.

"때론 가까운 사람이 더 무서워요."

'가까운 사람에게 잘해주자'라는 말에 고개를 끄떡이던 사람들이 이 말에도 고개를 끄떡인다. 속이고 힘들게 하는 사람이 대부분 가까운 사람 아닌가?

나이가 50대인 사장님 한 분과 저녁에 술자리를 하게 되었다. 만나기 전에 저녁 등산을 하고 오시는 길이란다. 키우는 개가 늙어 나이가 열다섯 살이나 되다 보니 뚱뚱해져서 운동을 시킬 목적으로 저녁마다 7km씩 같이 등산을 하신다고 한다.

그동안 힘들었던 여러 가지 일들을 회상하며 사업하시는 일로 스트레스가 많이 쌓인다고 얘기한다. 그렇게 믿었는데 대부분 가까운 사람들이 괴롭혔다고 한다.

이제 개가 죽으면 무덤을 만들지 않고 화장할 예정이라는 얘기도 덧붙였다. 뼛가루를 집에 보관하다가 자신이 세상을 떠나면 함께 묻어달라고 할 거란다. 자기에게는 변치 않은 친구와도 같은 개이기에. 가까운 사람에게 잘해주자.

난초 꽃 피우기

난초 꽃을 피우는 비결은
스트레스를 주는 것이다.

개업 선물로 가장 많이 받은 것이 아마 난초일 것이다. 난초를 보면, 손에 흰 장갑을 끼고 정성스럽게 난초 잎을 쓰다듬는 사람의 모습이 떠오른다.

난초를 키우는 사람들의 목표는 꽃을 보기 위해서일 것이다. 기껏 꽃을 피우는 것이 목표라니, 때가 되면 저절로 꽃은 피는 것이 아닌가? 그만큼 난초 꽃을 피우기가 힘들다는 말이다.

난초 꽃을 피우는 비결은 스트레스를 주는 것이다. 물도 적게 주고, 영양분도 적게 주면 난초는 생명 연장을 위해 꽃을 피우려고 한다. 망울만 만들어지고 꽃이 피지 않을 때 이틀간 물을 주지 않으면 꽃이 핀다. 물을 주지 않고, 영양분도 주지 않는다는 소리는 방치한다는 말이지 않은가?

그러면 정성스럽게 난초를 기르는 사람들은 도대체 무얼 하는 것일까? 그것은 '절제'일 거라는 생각이 든다. 난초 앞에서 분무기로 물을 뿌리고 하얀 손수건으로 정성스럽게 잎을 닦아준다. 잎에 묻은 물을 닦아버리는 것이다.

너무도 아끼는 생물이라 물도 많이 주고, 영양분도 많이 주고 싶지만 그렇게 하지 않는 것. 이것이 난초를 키우는 맛인 것이다.

난초 꽃을 피우는 과정을 보면서 자식을 키우는 방법을 생각하게 한다. 요즘은 너무 핵가족화 되어 자식이 적다. 그래서인지 자식 사랑이 너무 유별나다. 너무 잘해주려고 한다. 금전적으로나 물질적으로도 풍족하다. 그러면 그 아이는 꽃을 피울 수가 없다.

진정 사랑한다면 관심은 갖고 지켜보라. 그러나 스스로 일어설 수 있도록 물질적으로 부족하게 키워야 한다.

선악과와 모관 운동

어쩌다 지금 씹고 있는 이 과일이 선악과라 할지라도.
내가 진실로 원했다면, 교만하지 않았다고 자신한다면,
부끄럽지 않게 이생을 열심히 살고 싶다.

송 신부님과 식사 도중에 '선악과'에 대해 여쭈어 보았다.

"선악과는 무엇입니까?"

"선악과는 하느님과 같은 능력을 갖고자 했던 인간의 '교만'이다."

선악과를 먹는 순간 인간은 선과 악을 구분하는 능력을 갖게 되었고 선과 악을 동시에 가져야 하는 운명이 되었다. 선은 악이 있어야 선이 될 수 있다. 또한 악도 선이 있어야 존재할 수 있다.

교만이라…. 그렇다면 사람에게는 각자 다른 선악과가 있을 것이다. 하느님에게 향해야 할 나의 열정을 대신 차지하고 있는 것은 과연 무엇인가? 재산을 많이 모으려고 하는 물욕인가? 권력욕인가? 그

무수한 욕심들.

수련 중에 모관 운동을 했다. 모관 운동이란 누운 자세에서 팔과 다리를 허공에 쭉 뻗어 열심히 손과 발을 떠는 것을 말한다. 인체의 말단에 있는 말초 혈관의 혈액 순환을 도와주는 운동이다.

모관 운동을 시작했다. 슬슬 허리가 아파온다. '그만 하라고 하시 겠지' 싶은데도 사범님은 더 계속하란다. 그것도 힘차게 하란다. 아이고! 이럴 때 선택을 해야 한다. 힘차게 할 것인가, 아니면 마지못해 하면서 '그만!' 하는 소리를 기다릴 것인가?

보통은 후자를 택하는데 반대로 한번 해보자는 생각이 들었다. 팔과 다리를 허공에 뻗어 거의 미친 듯이 발작하는 것처럼 떨었다. 100m 달리기 하는 느낌이랄까?

"그~만!"

팔과 다리를 바닥으로 털썩 내린다. 힘이 든다고 억지로 할 때보다 더 상쾌하다. 인간의 심장은 열심히 수축과 확장을 하지만 손가락, 발가락의 말단까지 혈액을 보낼 만한 힘을 가지고 있진 않다. 그렇다면 어떻게 말단 부위에 혈액이 도달하느냐?

그 해답은, 모세혈관의 비워짐과 채워짐에 있다. 비워짐으로써 생기는 음압이 혈액을 당겨와 다시 채워지게 한다. 하지만 우리 몸은 정체되어 있는 경우가 많다. 이런 저런 고민에 빠져 움켜쥐고 버리지 못하는 미련들 때문이다. 모관운동은 말단에 정체되어 있는 버리지 못했던 우리 욕심을 비우라는 마음의 수련이기도 하다.

우리는 매순간 무엇인가를 선택하며 살아가고 있다. 선택하고자 하는 것이 둘일 수도 있고, 그 이상이 되는 경우도 있다.

그런데 자기가 선택한 것을 만족하기보다 후회하는 경우가 더 많은 것 같다. '그때 다른 선택을 했으면…' 하고 아쉬워하면서 말이다.

그렇게 매번 아쉬워하지 말고 우리가 가지 않았던, 선택하지 않았던 길을 선악과라고 생각하자. 선악과를 먹으면 더 나빠진다. 그러니 미련을 버리고 최상의 선택을 한 것이었다고 여기자.

겉보기에는 먹음직스레 보이고, 이 세상을 살아가는 데 물질적으로 현명하였을지 모른다. 하지만 그것으로 인해 다가올 또 다른 벽이 있었을 것이라고 생각하며 열심히 살자. 하루하루 치열하게 살자.

내가 선택한 이 길을 최상이라 여기자. 지치고 힘들어 꾀를 부리고 싶은 생각이 뱀처럼 슬며시 머리를 쳐들면, 자리를 박차고 일어나 더 지치도록 더 이상 여한이 없도록 힘차게 흔들어 보자. 어쩌다 지금 씹고 있는 이 과일이 선악과라 할지라도 내가 진실로 원했다면, 교만하지 않았다고 자신한다면, 부끄럽지 않게 이생을 열심히 살고 싶다.

세상에서 가장 긴 여행

김수환 추기경님께서 이런 말씀을 하셨어.
'삶에서 가장 긴 여행은 머리에서 가슴까지 가는 여정'이라고.

최 신부님을 오랜만에 뵙게 되었다. 전날 밤늦게 보낸 휴대폰 문자 덕분이다. 문자의 내용은 이러했다.

'어려울 때마다 생각나는 신부님, 보고 싶습니다.'

저녁식사를 하셨다고 해서 들안길에 있는 '묵돌이'라는 구이집으로 직행했다. 또 한 명의 동행이 있었다. 전직 15년 강력계 형사였으며, 지금은 큰 사업을 하고 있는 재미있는 이력을 가진 '김정선'이라는 동생이다. 산전수전을 다 겪은 동생인지라 하는 얘기마다 현장감이 묻어나는 바람에 이야기를 듣는 사람이 쑤욱 빨려 들어가는 느낌이 든다.

나도 그동안 있었던 일이며 요즘 겪은 어려운 이야기들을 말씀드렸다. 신부님은 향기로운 웃음을 얼굴에 띠신 채 이야기를 들어주셨다.

"자, 내 잔 한 잔 받고 계속하게."

그렇게 소주를 한 병 두 병 비우다 보니 어느덧 귀가할 시간이 되었다. 조용히 미소 띤 얼굴로 이야기를 들어주시던 신부님께서 술자리를 마치며 말씀하셨다.

"김수환 추기경님께서 이런 말씀을 하셨어. '삶에서 가장 긴 여행은 머리에서 가슴까지 가는 여정'이라고. 오늘 술자리에서 나왔던 많은 좋은 얘기들이 가슴까지 전달되어, 부디 행동으로 실천하길 바란다."

천명, 운명, 숙명

나의 상에 이 잔이 온 것은 천명이고,
내가 잔을 들어 입에 갖다 대는 것은 운명이다.
하지만 잔이 항상 받침대에 다시 놓이는 것은 숙명이다.

옛날 천하를 호령하던 장군이 노환으로 임종을 앞두고 있었다. 평생을 장군 밑에서 시중을 들던 집사가 그에게 청이 있다고 했다.

장군이 청을 들어주겠다고 승낙을 하니, 집사는 두루마리 종이를 펼쳐보였다. 그 종이에는 '명命'이라 적혀 있었다. 이 글에 대해 한 말씀 해달라는 청이었다.

장군은 그 집사에게 답을 하기 전에 차를 한 잔 끓여 오라 분부했다. 집사가 차를 한 잔 따라 차받침 위에 올려 장군 상에 바쳤다. 그 장군은 이렇게 답을 했다.

"사람에게는 천명과 숙명, 그리고 운명이 있다. 부엌에 있는 수많은 잔 중에서 나의 상에 이 잔이 온 것은 천명이고, 내가 잔을 들어 입에 갖다 대는 것은 운명이다. 하지만 잔이 항상 받침대에 다시 놓이는 것은 숙명이다."

진공묘유眞空妙有*

이 이치는 바닥을 쳐야 채워지기 시작한다는 것이다.
가득 채워지길 원한다면, 어설프게 담겨진 것은 비워야 한다.

호흡 수련 중에 들숨보다 날숨이 중요하다고 사범님께서 말씀하
신다. 비워져야 채워진다고, 채워지는 것이 중요한 것 같지만 비우
는 것이 더 중요하다는 말씀.

부산에 박청화라는 역술인이 있다. 내가 그분을 잘 아는 것은 아
니고, 《방외지사》라는 책에서 아는 정도다. 그 스토리가 날숨과 연
관이 있는 듯하다.

역술로 입신양명한 40대 남자 박청화. 작고한 안상영 전 부산 시
장 주머니에서 나온 종이에 적혀 있던 이름의 주인공이다. 이 분이
어느 사업가에게 큰 부자가 될 수 있도록 도움을 주었다고 한다.

그 사장의 사주에는 재물운이 없었다. 그래서 어느 누구도 그 사람이 그토록 부를 쌓으리라고는 예상치 못했다. 그런데 이 박청화라는 사람의 해석은 달랐다. 그것은 바로 무재無財는 대재大財의 씨앗이 될 수 있다는 심오한 진리였다. 롯데그룹 신격호 회장의 사주도 무재라고 한다.

그래서 그런지 그 사장이 겪은 첫 번째 일은, 가장 가난한 상태였다. 둘째, 그러니 다시 채워지기 시작했다. 셋째, 처음보다 더 많이 채워지게 된다.

이 이치는 바닥을 쳐야 채워지기 시작한다는 것이다. 가득 채워지길 원한다면, 어설프게 담겨진 것은 비워야 한다.

*진공묘유眞空妙有 - 진정코 비웠는데 묘하게도 있다는 뜻.

수신제가修身齊家 치국평천하治國平天下

화해하고 용서를 구하는 것이 건강을 지키는 비결이라는 생각이 명상 중에 떠올랐다.
몸을 다스리는 것과 같이 집안도, 국가도 그렇게 다스리면 되는데
왜 그건 쉽지 않은 건지….

수선재에서 신체 장기에 관한 명상을 하다 보니 '수신제가 치국평천하'란 말을 떠올리게 되었다. 수신이란 두 글자에서 떠오르는 것은, 자신을 엄격하게 통제하는 철두철미한 인간상이다.

이런 부류의 사람들은 집안이 화목하지 못한 경우가 많다. 자신에게 하는 것과 동일하게 다른 가족들에게도 적용하려고 하니까, 가족들이 너무 힘들다. 자신의 몸을 수련한다는 것은, 자신의 몸에 관심을 가지는 것이고 화해하고 용서를 구하는 것이라고 생각한다.

한방에서는 우리 몸에 오장육부가 있다고 한다. 머리를 임금이라 보고, 몸에 다섯 분의 장군들이 있다고 비유해 보자. 간장군, 심장

군, 비장군, 폐장군, 신장군. 그리고 여섯 명의 부장들. 그들이 열심히 서로 도와가며 우리 몸의 건강을 지켜주고 있는 것이다. 웬만큼 혹사해도 꿋꿋이 협조하며 몸을 잘 꾸려나가는 장군들과 부장들.

여러분은 이런 충신들을 어떻게 다스리고 있는가? 당신은 어떤 성품을 가진 임금이기를 원하는가? 당연히 덕이 많은 성군이 되어야 한다. 가끔씩 장군들과 부장들의 노고를 치하하는 마음을 가져야 하지 않겠는가? 그동안 수고했으니 휴식을 취하게 해주고, 포상도 줘야 하고, 미안한 마음도 가져야 하고, 다시 열심히 잘 살아보자고 부탁도 해야 한다.

그러니 혹사를 시켜 병든 장기를 가끔씩 마음속에 떠올려보자. 그리고 조용히 말을 걸어보자. 그동안 무심해서 미안하다고, 다시는 그러지 않을 테니 용서하라고, 앞으로 관심을 갖고 살아가겠다고, 각 장군들과 부장이 싫어하는 것은 하지 않겠다고….

그런 다음 조용히 눈을 감은 채 천천히 호흡을 하며 병든 장기를 떠올리며 움직임을 관찰해보자. 그들이 대답하는 소리가 들릴 것이다. '용서하겠다'는….

이렇게 화해하고 용서를 구하는 것이 건강을 지키는 비결이라는 생각이 명상 중에 떠올랐다. 몸을 다스리는 것과 같이 집안도, 국가도 그렇게 다스리면 되는데 왜 그건 쉽지 않은 건지….

삼원론三元論

우주의 모든 사물에는 세 가지 원리가 있는데,
첫째, 밖으로 나가려는 것, 둘째, 반대로 안으로 들어가려는 것,
셋째, 그 두 가지를 조화롭게 하는 것이라고 한다.

한 해의 마지막 날 기차를 타고 처가가 있는 김천에 가는 길이었다.
집사람과 아이들은 이미 가 있고 나 홀로 기차여행을 하게 된 것이다.
서점에 가서 월간《신동아》잡지를 사고 음료수와 새우깡을 가방에
넣고 기차에 올랐다.

한국에서보다 모스크바에서 대체의학으로 유명한 어떤 분의 취재
기사를 읽었다. 그 분의 철학에 '삼원론'이란 말이 있었다. 우주의 모
든 사물에는 세 가지 원리가 있는데, 첫째, 밖으로 나가려는 것 둘
째, 반대로 안으로 들어가려는 것, 셋째, 그 두 가지를 조화롭게 하
는 것이라고 한다.

이 이론은, 음과 양으로 모든 것을 해석하려는 것에 이 두 가지를 중화시키는 세 번째가 있다는 것이다. 이 분은 세 번째를 '뉴트로'라고 표현했다.

나는 이 글을 읽으면서 태극 무늬가 떠올랐다. 태극에는 윗부분에 적색이 있고, 아래에는 청색이 있다. 적색 부위는 밖으로 나가려는 기운이고 청색은 반대로 안으로 들어가려는 기운이다.

이 두 가지 양과 음이 뒤섞여 돌아가게 되는 원리는, 원이라는 테두리 안에 갇혀 있기 때문이다. '손오공이 뛰어봤자 부처님 손바닥 안이다'라는 말처럼.

원은 무無이기도 하고, 시작이기도 하다. 그래서 색즉시공, 공즉시색이란 말이 있나 보다. 기운이 있으되 보이지 않았으나, 원이 있으므로 그 형체가 생기게 되는 것이다. 그리고 형체가 생겨 기운이 동하면, 항상 반대 기운이 생기게 되는 것이다.

그러나 아무리 두 기운이 발버둥 쳐봐도 원이 없어지면 형체는 없어진다. 원은 육신이요, 양과 음은 인간의 정신이다.

나는 가끔씩 '하느님께서 나에게 왜 이리도 분에 넘친 복을 내려주신 것일까?'하는 엉뚱한 생각을 해본다. 필시 무언가에 쓰시려고 그러시는 것이라는 결론은 내리지만, 도무지 무엇에 나를 사용하실지 알 수가 없다.

어쩌면 영원히 알 수가 없는 이 질문은, 고대로부터 인간들이 항상 던져온 '인간이 왜 사는가?' 하는 질문이기도 하다. 그 해답을 인간은 알 수 없을 것 같다. 분명한 한 가지 진리는 원이라는 테두리가 언젠가는 사라진다는 것이다. 그리고 내 안에는 움직이고 있는 선과 악, 양과 음이 존재한다는 것이다.

그러면 나름대로 목적을 정하고 한 번 열심히 살아보자. 당장 내일 어떻게 될지 모르지만 돌아보면서 아쉬워하지 말고 더 치열하게 살아보자. 불꽃처럼 활활 타서 더 이상 미련이 없도록 열정적으로 살아보자.

기억에 남는 말

"몸은 돌아섰는데 마음이 안 돌아섰네."
그 말이 왜 그리도 기억에 남는지….

얼마 전 골프를 치러 갔을 때의 일이다. 동반자 중 한 분은 골프 싱글인 자모바 이현우 사장님이었다. 그 분은 전국 골프장에 7자를 기록하는 게 목표이신 분이다. 3번 홀, 파5.

오른쪽 숲을 가로질러 공을 보내면, 타수를 줄일 수 있을 것 같다. 티샷을 하려고 하는데 캐디 아가씨가 오른쪽으로 보내면 조금만 슬라이스가 나도 OB라고 충고를 했다.

그러자 그 분이 약간 왼쪽으로 돌아섰다. 그리고 티샷을 날렸다. 그런데 그 공은 오른쪽으로 휘어지면서 숲으로 들어갔다. OB.

캐디 아가씨가 근심어린 얼굴로 공이 날아간 방향을 쳐다보고 있었다. 동반자가 멋쩍게 웃으면서 이렇게 말했다.

"몸은 돌아섰는데 마음이 안 돌아섰네."

그 말이 왜 그리도 기억에 남는지….

수치심

잠재의식이란 '램프에 갇혀 있는 거인'이다.
거인은 모든 것을 알고 있으나 갇혀 있기 때문에 의사소통을 '예, 아니오'로만 할 수 있다.

알라딘의 요술램프 동화를 대부분 기억하고 있을 것이다. 램프를 비비면 갇혀 있던 거인이 "주인님!" 하면서 나타나 어려운 소원을 이루어 준 뒤 다시 램프로 들어간다.

사람에게는 윤회를 거듭해 온 영혼이 있다. 그리고 동반자로 평생 같이 살아야 할 또 다른 존재가 있다. 이 내면의 존재는 알라딘의 요술램프에 갇혀 있는 초능력을 가진 거인과 같다. 이 거인은 영혼을 도와주기도 하지만 희망이 없어 보이면 포기해버리기도 한다.

거인이 사라진 비어 있는 램프. 이런 상황이 되면 구천을 맴도는 춥고 배고픈 귀신들이 육체에 깃들게 되는 빙의 현상이 일어난다.

얼마 전 텔레비전 방송에 나온 이야기다. 20대 초반인 외동아들이 정신병에 걸렸다. 하루 종일 혼자 중얼거리고 엄마와 여동생에게 욕을 하고 폭력적인 행동을 한다. 아들의 이상한 증세는 중학교 때 '왕따'로 몰리면서 심한 학교 폭력으로부터 시작됐다. 그리고 이 병을 고치려고 오랜 세월 동안 정신병원에서 치료를 했었다고 한다.

그런데 아들에게는 보통 정신병과는 다른 증상이 나타나므로 어머니가 방송국에 사연을 보냈다. 자기 아들에게 귀신이 들린 것 같다고. 어머니는 아들이 혼자 중얼거릴 때 여러 다른 사람의 목소리가 난다고 했다. 즉, 다중인격장애 현상이 나타나는 것이다.

조사 결과 아들의 몸에 자아는 거의 없고 아홉 명의 다른 귀신이 깃들어 있다고 했다. 아들의 영혼을 지켜주던 거인은 왜 떠난 걸까?

그 해답은 미국의 유명한 정신과 의사 데이비드 호킨스 박사가 지은 《의식 혁명》이라는 책에 있었다. 20여 년에 걸친 연구와 수천 명을 대상으로 한 실험의 열매인 이 책은, '표면의식에서는 모른다고 생각되는 것도 인간의 깊은 잠재의식에서는 이미, 충분히 알고 있음'을 증명해 보이는 책이다.

이 책에서 말하는 이미 충분히 알고 있는 잠재의식이란 존재는, '램프에 갇혀 있는 거인'이다. 거인은 모든 것을 알고 있으나 갇혀 있기 때문에 의사소통을 '예, 아니오'로만 할 수 있다.

인간의 의식 수준을 거인에게 질문해 보았다. 그렇게 해서 0에서 2000점까지 빛의 밝기를 표시하는 점수로 환산해 표를 만들어 놓았다. 그러면 호킨스 박사가 연구한 표에서 가장 낮은 점수를 기록한 인간의 의식은 무엇일까? 또한 가장 낮은 점수를 기록했다는 것은 무엇을 뜻하는가?

어느 인간에게 깃든 영혼의 밝기가 강하다면 자아가 충만하다는 것이고, 약하다면 기가 약하다는 것이다. 인간이 어떤 상태가 되면 거인은 동반자인 인간에게 실망하고 포기하게 되는 걸까?

그것은 바로 '수치심'이었다. 수치심은 영혼의 가장 깊은 곳에 상처를 준다.

누구를 가르친다는 이유로 피교육자에게 수치심을 주는 경우가 있다. 수치심을 느끼게 하면 그 윗 단계의 에너지인 분노나 미움 같은 것으로 바뀌면서, 교육이 보다 더 잘될 수도 있고, 교육자의 목적을 달성할 수도 있게 된다. 그러나 인생을 마감해버리는 자포자기 현상이 생기기도 한다.

세월이 흐른 뒤, 성공한 피교육자가 그가 받았던 교육 방식 즉 '수치심 유발'을 이성적으로는 이해할 수 있을지 모르겠다. 그러나 상처받은 영혼은 돌아서지 않는다.

상대방에게 수치심을 느끼게 하지 말자.

알라딘의 요술램프

인간의 잠재의식 속에는
거인 요정 '지니'와 같은 소원을 들어주는 존재가 있다.
그것은 램프와 같은 인간의 무의식이라는 공간에 갇혀 있다.

미국의 유명한 예언가인 에드가 케이시. 학력은 초등학교 졸업이 전부인데 최면 상태에서는 모든 병을 고치는 의사가 되기도 하고 미래를 예언하는 예언가가 되기도 했다. 그의 기록은 현재 미국 국립도서관에 보관 중이며 많은 사람들이 아직도 그를 연구하고 있다.

의식하고 있는 정신세계와는 다른 무의식 상태가 되면, 그의 몸에 평생을 동반자처럼 살아가고 있는 초능력을 가진 또 다른 존재가 나타난다는 이야기이다. 모든 사람에게 이런 현상이 있는 걸까? 아니면 에드가 케이시라는 사람에게만 이런 특별한 현상이 있었던 걸까?

가끔씩 아주 호기심을 발동시키는 이런 이야기를 접할 때마다 나는 지인들과 만나는 자리에서 이런 이야기를 자주 한다. 그러면 그들은 '이영주가 요즘 저 생각에 빠져 지내고 있구나' 하고 생각할 뿐이다. 그 주제에 관한 발전적인 대화를 없다 보니, 하루 종일 그 생각이 머리를 떠나지 않는다. 아침부터 저녁까지 한 가지 생각에 파묻혀 직장 동료들에게 독백처럼 이야기를 한다.

그러다가 이 풀리지 않는 문제를 풀 수 있는 열쇠를 찾으러 서점에 간다. 이 시대를 사는 사람보다 더 현명하고 지혜로운 분들이 과거에도 많았다. 표현을 달리하고 있는 선인들의 이야기에 관심을 가져보자. 땅을 파는 곳은 다르지만 도달하고자 하는 곳은 어차피 같을 것이다.

그러다가 우연히 '알라딘의 요술램프'라는 이야기가 홀연히 머리에 떠올랐다. 동굴 속에 숨겨져 있던 낡은 램프를 문지르자, '지니'라는 거인 요정이 나타나 소원을 들어준다.

선인들은 인간의 비밀을 이렇게 동화처럼 비유해서 널리 인간들에게 알렸을지도 모른다. 누가 이 동화를 처음 지어냈을까?

인간의 잠재의식 속에는 거인 요정 '지니'와 같은 소원을 들어주는 존재가 있다. 그것은 램프와 같은 인간의 무의식이라는 공간에 갇혀 있다. 인간들은 이 존재를 불러내는 방법을 몰라 한계를 극복하지 못하고 있는 것이다.

여러 종교가 인간의 잠재의식에 있는 존재를 설명해 왔다. 그런데 이 모든 진리들을 비유한 이야기가 '알라딘과 요술램프'였구나 하는 생각이 들었다.

그러면 거인을 불러내는 방법은 무엇인가?

이것만 알면 우리는 모든 것을 이룰 수 있는데. 이 생각에 며칠 밤을 뒤척이다가 우연히 떠오르는 두 글자가 있었다. 거인을 불러내는 방법은 '몰입'이었다. 이런 상상의 나들이가 희한한 것은 모든 생각들이 저절로 떠오른다는 것이다.

음주 측정

간혹 우리는 타성에 젖어
중요한 것을 놓치고 지내는 경우가 있다.

일본에서 살다가 귀국한 분이 일본에서 타던 차를 가져 오셨다. 어느 날 저녁 부부동반 모임에서 식사를 하고 술도 한 잔 했다. 정종 몇 잔 정도이니 많이 마신 것도 아니고 대리운전이라는 시스템에 익숙하지 않아 그냥 차를 몰고 갔다. 그런데 앞에서 음주단속 중이다.

전경이 차 왼쪽 편에 서서 창문을 내리라고 했다. 그리고 옆 좌석에 타고 있던 부인에게 측정기를 갖다 대고 불어 보라고 했다. 부인이 어리둥절해 하며 힘껏 불었다. 그랬더니 통과하란다. 일본차는 운전석이 우측에 있는데…. 이처럼 간혹 우리는 타성에 젖어 중요한 것을 놓치고 지내는 경우가 있다.

Doctor라는 의미

남녀를 구분하기 위해
영문으로 'MR.'나 'MS.'로 이름 앞에 표시되어 있는 게 일반적이다.
그런데 그 티켓에는 'MR.'라는 영문 대신에 'DR.'라는 글씨가 내 이름 앞에 있었다.

미국 하와이에 있는 닥터 플라워라는 선생님 병원에서 6개월간 펠로우 과정을 하고 있을 때였다.

3개월이 지날 무렵, 샌프란시스코에서 미국 미용학회가 있었다. 닥터 플라워는 학회에서 강연이 있어 병원을 비우게 되었고 , 수술 스케줄이 없어지자 나도 아무 할 일이 없었다.

'나도 학회에 갈까' 하는 생각은 들었으나 학회에 참석하기 위해서는 비행기 왕복요금과 호텔 숙박비, 학회 등록비 등 비용이 비싸 안 가기로 작정했다. 미국에 연수는 왔으나, 가족들과 함께 와서 생활비가 넉넉하지 않은 상황이었다.

그런데 한국에 전화를 해보니 존경하는 송○○ 원장님께서 샌프란시스코에 가셨다고 한다. 그 소식을 접하고 나도 학회에 참석해야겠다고 아내에게 말했다. 즉, 송원장님께 신세를 지면 되겠다는 작전이었다. 일명 '빈대 작전'이다.

닥터 플라워 병원에 있는 비서에게 비행기 예약을 부탁했다. 나의 주머니 사정을 잘 아는 편이라 저렴한 비행기 왕복 편을 준비해 주었다. 얼마나 감사했던지….

그런데 비행기 티켓에 이상한 글씨가 표기되어 있었다. 보통은 남녀를 구분하기 위해 영문으로 'MR.'나 'MS.'로 이름 앞에 표시되어 있는 게 일반적이다. 그런데 그 티켓에는 'MR.'라는 영문 글씨 대신에 'DR.'라는 글씨가 내 이름 앞에 있었다.

'DR. Young Joo - Lee'

나는 그 글이 어떤 위력을 발휘하는지 전혀 알아차리지 못했다. 저렴한 일반석을 예약해 여행을 떠나지만 비서는 내가 푸대접을 받지 말라고 '의사'라는 표시를 티켓에다 적도록 부탁한 것이다.

공항에서, 비행기 안에서도 그 티켓만 보이면 모든 사람들은 특별대접을 해줬다. 좌석도 더욱 편한 곳으로 바꿔 주고, 짐도 먼저 실어 주고, 항상 환한 표정으로 자그마한 동양인을 친절하게 대해 줬다.

나는 내 이름 앞에 적힌 DR.라는 두 글자의 위력에 얼마나 뿌듯했는지 모른다. 나에게 이런 체험을 하게 해준 비서가 한없이 고마웠다.

이럭저럭 송원장님께 민폐를 끼치며 샌프란시스코 학회를 즐겁고 유익하게(?) 보내고 하와이로 돌아오는 비행기를 타게 되었다. 나는 자신 있게 비행기 티켓을 승무원에게 보여줬다. 승무원은 예상대로 놀라는 듯 환한 표정으로 나를 특별 좌석으로 안내했다.

비행기 안에는 하와이로 휴가를 떠나는 고령의 노인 부부들이 많았다. 드문드문 젊은 커플들도 보였다. 모두 들뜨고 흥분된 분위기였다. 미국인들에게는 하와이는 꿈의 휴양지였다.

그런데 예기치 못한 상황이 발생했다. 탑승한 지 벌써 세 시간이지났는데 비행기는 활주로 앞에 정지한 상태로 엔진만 돌리고 있었다. 오일 계기판에 이상이 있어서 점검 중이라는 안내방송만 나왔다.

비행기의 매연이 얼마나 심한지 처음 알았다. 머리도 좀 띵한 것이 약간 멀미하는 것처럼 속이 울렁거렸다. 그 순간 승무원들이 '쏘리'를 연발하면서 음료수와 식사를 가져다주고, 영화와 비디오를 틀어줬다. 그러나 사람들은 불안해하며 술렁이기 시작했다.

그 때 제일 뒤편 복도에서 무언가 큰 소리가 났다. 승무원들이 황급히 달려가기 시작했다. 위급상황이 발생했다는 외침이다. 나이 든 노인 중에 한 분이 쓰러진 것이다.

그때 나를 반갑게 맞아줬던 여승무원이 앞으로 달려오면서 소프

라노로 외치는 말,

"닥터 리~!"

나는 얼떨결에 자리에서 일어섰고, 내 주위의 모든 사람들의 시선이 나에게 집중되는 것을 느꼈다. '나는 내과의사가 아니고, 성형외과 의사예요'라고 말하고 싶었지만 어쩔 도리가 없다.

그때 마침 내 앞에 앉아 있던 커플 중에 여자 한 분이 일어서더니, 자기가 내과의사라고 말했다.

'휴우! 하느님 감사합니다. 아멘~!'

환자에게 승무원이 응급소생술을 실시하고 있었다. 여자 내과의사가 청진기 받아들고 가슴에 청진을 하기 시작했다. 나도 무언가 해야 하지 않는가. 그래서 환자분의 손목을 하나 잡고 한의사처럼 진맥을 잡는 포즈를 취했다.

진지한 표정으로 눈을 지그시 감고 정신 집중! 그런데 갑자기 주위가 조용해지는 것 같았다. 나는 감고 있던 눈을 살며시 떴다. 모든 사람이 나를 보고 있는 게 아닌가? 그 여자 내과의사와 눈이 마주쳤다. 그 여자 의사는 나를 보며 고개를 좌우로 도리질 쳤다.

즉, '가망이 없지요?'라고 나에게 동의를 구하는 무언의 몸말. 나는 고개를 아래위로 끄덕거리면서 '그렇습니다'라고 대답했다. 숨죽이고 우리 둘의 표정만 살피던 승무원들이 크게 외쳤다.

"Go back!"

비행기는 다시 공항 탑승장으로 돌아갔고, 그 환자는 인근 병원으로 실려 갔다. 승객들은 항공회사에서 마련해 준 호텔에서 하룻밤을 묵고 다음 날 하와이로 가게 되었다.

나는 그 사건으로 새삼 느꼈다. 'Doctor'라는 글자에 들어있는 의미를. 그들이 나에게 특별 대접을 해준 의미와 응급상황이 발생했을 때 닥터가 해야 하는 의무를…. 한마디로 세상에 공짜는 없다.

Y2K 캠페인

트레이시는 공포의 대명사인 세 단어를 희망의 메시지로 바꾼 것이다.

하와이에 성형외과 연수를 갔을 때의 이야기다. 병원 수술실에서 수술을 도와주는 간호 업무를 맡은 '트레이시 보간'이라는 아가씨가 있었다. 트레이시는 사람을 기분 좋게 하는 특별한 재주가 있었다.

수술실 경험이 부족해 가끔씩 실수를 하기도 했으나 밝은 표정과 애교로 위기(?)를 모면하곤 했다. 약 3개월이 지나니 서로 간에 친분이 생겼다.

트레이시는 우리 가족 네 명을 1인당 약 100불 정도 내야 하는 하와이의 유명한 쇼에 초청했다. 트레이시는 월급을 그리 많이 받는 직업이 아닌데 어떻게 그렇게 비싼 쇼에 우리를 초대하는 걸까?

그 비결은 트레이시의 어느 경지에 이른 사교술에 있었다. 쇼를 공연하는 극장의 직원들을 트레이시가 구워삶아 입장료를 내지 않고 공연장 안으로 우리 가족을 들여보내 준 것이다. 그리고 테이블을 따로 만들어 주었다. 그런데 이 극장 직원들을 트레이시가 알게 된 기간이 겨우 한 달 남짓이란다.

왕년의 코미디 스타가 나와서 만담을 하는 형식이라 나이 지긋한 노인 관광객들에게는 아주 웃기는 쇼인데, 우리 가족은 알아들을 수가 없었다. 하지만 이렇게 비싼 쇼에 초청받아 공짜로 구경도 하고 저녁식사도 하니 얼마나 기분 좋은가.

1999년도는 한국이 IMF라는 경제 위기에서 겨우 벗어나려는 시점이었다. 그 무렵 하와이에 연수를 온 것이라 환율이 매우 높았다. 우리 가족이 6개월간 쓸 수 있는 돈은 매우 적었다. 어렵게 생활하고 있는 우리 가족의 사정을 듣고 트레이시가 쇼에 초청한 것이다.

트레이시는 쇼를 마치고 자기 집으로 가서 맥주나 한 잔 하자며 우리 가족을 안내했다.

우리는 그 곳에서 트레이시가 과거에 무엇을 했는지 그 비밀을 알게 되었다. 트레이시는 Y2K 캠페인의 유명한 선두주자였던 것이다.

그럼 Y2K가 무엇인지 먼저 알아보자. Y2K문제 〈Year Two Kilo problem〉는 컴퓨터가 연도 표시의 마지막 두 자리만을 인식해 1900

년 1월 1일과 2000년 1월 1일을 같은 날로 잘못 인식해 일어나게 될지 모르는 컴퓨터 장애로 인한 대혼란을 말한다.

그리고 이 문제가 2000년부터 발생하므로 밀레니엄버그라 부르게 되었다. 즉, 1999년도에 Y2K라는 세 단어는 대재앙과 같은 의미를 내포하는 것이었다.

그런데 얼마 전까지 트레이시는 미국 본토 펜실베니아 주에서 이 엄청난 Y2K 캠페인의 주인공이었다고 한다. 스크랩해 놓은 많은 신문기사에 Y2K 캠페인이라는 글귀와 함께 트레이시가 나와 있었다.

신문기사 사진에는 미소를 짓고 있는 사람들의 얼굴이 가득 했다. 풍선을 달고 파티를 준비하는 모습, 상원의원과 어깨동무해서 사진을 찍은 모습, 클린턴 대통령과 악수하는 모습….

그런데 트레이시가 했던 Y2K의 의미는 Yes Two Kids였다. 그것은 불쌍한 아이 두 명을 후원하겠다는 캠페인이었다.

그 시기에 Y2K라는 단어는 세기말 컴퓨터 대란을 연상시키는 공포의 대명사였다. 그리고 누구든지 그 세 단어를 떠올리면 마음이 불안해졌다.

그런데 트레이시는 공포의 대명사인 세 단어를 희망의 메시지로 바꾼 것이다. 그녀는 우울해지는 단어를 활짝 미소를 짓게 하는 단어로 바꾸어버린 진정한 사회운동가였다.

태극의 의미

우리는 반으로 접어진 왼쪽 태극으로 살고 있다.

태극기 가운데 있는 태극을 보자.

태극 중간을 접어 왼쪽과 오른쪽을 보면, 빨강이 팽창했을 때 청색은 줄어들고 청색이 팽창하면 빨강은 줄어든다.

빨강은 양이요 청색은 음이라, 양은 의식 세계이고 교감 신경의 영역이다. 그리고 음은 무의식의 세계, 즉 본능의 세계이며 부교감의 영역이다.

적과 청은 어느 곳에서도 연결되지 않는다. 즉, 섞여서 흐려지는 회색 영역은 없다. 단지 경계선이 있을 뿐이다. 그런데 어떻게 서로에게 영향을 미치는가?

그 해답은 원 안에 갇혀 있기 때문이다. 우리의 삶이 그러하듯이 싫다고 도망갈 수도 없고 좋다고 마냥 있을 수도 없는 정지할 수 없는 '원'.

우리는 반으로 접어진 왼쪽 태극으로 살고 있다. 스트레스를 받으면 적색이 커진 상태에 살게 된다. 그러니 오른쪽으로 옮겨 가야 한다. 과부하가 걸린 적색을 그만 쉬게 하고, 작아져서 기능을 제대로 발휘 못했던 청색이 커지도록 해야 한다. 이것이 병을 치유하는 비밀인 것 같다.

그런데 두 영역 사이에는 통로가 없다. 어떻게 하면 적색 영역이 작아질까? 어떻게 하면 스트레스로 과부하가 걸린 적색을 작아지게 할까?

방법은 청색이 커지도록 자극을 하는 것이다. '지치고 병든 인체에 어떻게 고통없이 올바른 방향으로 자극을 줘서 치유의 본능을 깨우느냐?'가 문제이다. 이것이 모든 대체요법의 목표인 것 같다.

내가 수술하는 것은 마음

남남북녀 南男北女

그렇다면 남한 여성들은
모두 '인공산'이란 말인가?

　세계적인 스포츠 축제인 유니버시아드 대회가 대구에서 개막되었
다. 중심가에 외국인들이 눈에 많이 띈다. 그동안 경기 침체로 힘들
어하던 식당가도 꽤나 북적대는 모습이다.

　요즘 뉴스거리 중 최고의 화젯거리는 북한 여성 응원단 소식이다.
매일 스포츠 신문에는 크게 혹은 작게 그녀들의 소식란이 있다. 그
녀들이 응원하는 경기에는 어김없이 많은 남자 관중들이 몰려든단
다. 그리고 그녀들에게 항상 붙어 다니는 말은 '미녀'라는 말이다.

　여성들이여, 가만히 생각해 보자. 남한에는 미녀가 없었나? 왜 그
렇게 북한 여성 응원단이 아름답다고 온 매스컴이 떠들며 난리인가?

"신선하지 않습니까? 자연산이잖아요!" 어떤 남자가 대답했다.

그렇다면 남한 여성들은 모두 '인공산'이란 말인가? 자연산과 인공산이란 대답을 다른 면에서 해석해 보자.

남한 여자들이 예뻐 보이는 것은 많이 꾸며서 그렇게 보인다는 것이다. 화장, 헤어스타일, 염색, 옷, 장신구들로 많이 치장해 예뻐 보인다는 의미도 있지만, 한편으로는 미용성형수술을 많이 한다는 빈정거림도 포함되어 있을 것이다.

성형외과 의사로서 이런 시각을 어떻게 보는가?

북한에서 가장 예쁜 여성들을 엄선해 북한 여성 응원단을 만들긴 했겠지만, 그렇게 호들갑을 떨 만큼 미인들은 아니라고 본다.

남한의 거리에서 자주 마주치는 예쁜 여인들의 얼굴과 별반 다를 게 없지 않는가? 그런데 북한 여성 응원단들을 '미녀다', '아름답다'라고 한 번도 미인을 보지 못한 사람들처럼 남자들이 아우성인 이유는 무엇일까?

그녀들이 북한 여성이라서 갖는 호기심 때문일까? 남자들이 아우성치는 이유를 알아내면 여성들은 더욱 사랑받지 않을까?

북한 여성 응원단을 유심히 관찰해 보자.

대구의 여름은 정말 뜨겁다. 그 살인적인 더위에도 불구하고 그녀들은 항상 미소를 짓고 있다. 물론 그런 훈련을 받았을 것이라고 생각한다. 그녀들은 목소리가 맑고 밝고 활기차다. 옷은 깨끗하고 단정하다. 그리고 버스 차창 밖으로 살짝 손 흔들며 비치는 수줍은 미소가 압권이다.

남한 여성들은 타고난 미모가 없더라도 결점을 보완할 기회가 있다. 그 기회에는, 화장과 옷과 성형이 포함될 것이다. 그러니 환한 웃음과 활기찬 생명력만 갖춘다면 남성들이 얼마나 열광할까!

생각만 해도 기분 좋은 일이다. 아무리 예쁜 여자라 하더라도 기운이 없고 화가 난 것 같으며 흐트러진 모습이라면, 남자들이 좋아하지 않는다.

우스운 얘기지만 여자의 기준이 있다. 그 단계를 네 가지로 나눠 보자. 첫 번째는 예쁘게 생겼지만 본인이 예쁜 줄 모르는 수줍은 여자, 두 번째는 못생겼지만 스스로 못생긴 걸 잘 아는 당당한 여자, 세 번째는 본인이 예쁜 걸 너무나 잘 알고 있는 얄미운 여자, 네 번째는 못생겼으면서 본인이 예쁜 줄 착각하고 있는 공주병 환자의 모습이다.

화상 치료와 침술

이마에 박혀 있던 병 두껑을 떼어내고 보니 움푹하게 파였다.
저렇게 잘 생긴 얼굴에, 그것도 왼쪽 눈썹 안쪽 바로 위 이마에
500원짜리 동전 크기의 3도 화상. 아이고!

진수라는 동생이 있다. 직업은 형사이고 얼굴은 미남이다. 일요일 진수한테서 다급하게 전화가 왔다.

"형님! 큰일 났습니다."

"와? 무슨 일인데?"

"쓰레기 태우다가 포카리스웨트 플라스틱 병이 터지면서 병 두껑이 날아와 제 이마에 붙었습니다요, 형님!"

"뭐! 두껑이? 눈은 안 다쳤나?"

"예. 형님. 아슬아슬하게 피했습니다."

"내일 월요일. 병원에 온나. 진짜 큰일 날 뻔했다."

다음날 진수가 이마를 손수건으로 가린 채 병원에 왔다. 내가 살며시 손수건을 치워보니 앗! 뚜껑이 아직 이마에 붙어 있다.

"야 임마. 어제 뚜껑 빨리 안 떼고 뭐했노."

"살에 떡 붙어버려서 겁나서 못했습니다. 형님. 3도 화상이지예. 와~ 미치겠다. 이마에 흉터 생기겠지예."

"맞다. 진짜 큰일이다."

이마에 박혀 있던 병 두껑을 떼어내고 보니 움푹하게 파였다. 저렇게 잘 생긴 얼굴에, 그것도 왼쪽 눈썹 안쪽 바로 위 이마에 500원짜리 동전 크기의 3도 화상이다. 아이고!

기존 화상 치료법으로는 무조건 흉터가 생긴다. 화상으로 익어버린 살을 조금씩 잘라내고, 피가 나는 깊이까지 들어가 화상 연고를 바르고 거즈를 붙인다. 그렇게 3주 정도 지나면 주위의 살과는 질감이 다른 미끌미끌한 흉터 살로 덮혀질 것이다.

흉터가 생길 걸 뻔히 알면서 그래도 이게 최고라고 치료하고 있을 수는 없다. 그래서 사흘 전 인터넷에서 본 '무극침법'을 시도해 보기로 했다. 인터넷에서 김남수 침구사의 침술 강의를 들은 적이 있다. 그 때 화상이 침술로 치료가 가능하다고 하셨다.

화상 치료에 적용하는 침법 강의 내용은 간단하다. 화상 상처 부위에 침을 여러 군데 찔러 놓으면 된다. 그러면 통증이 심한 2도 화상의 경우, 침을 놓으면 시간이 경과하면서 통증이 서서히 줄어든다.

문제는 통증이 없는 전층 화상인 3도 화상. 흉터가 100% 생긴다. 그래서 보통의 경우 피부 이식을 권유한다. 그렇지만 피부 이식을 하면 상처 치유가 빨라지는 것이지 흉터는 여전히 보기 싫을 정도로 남는다. 그런데 김남수 옹은 이런 경우 침을 놓으면 흉이 아주 적게 남으며 말끔히 치유된다고 하셨다. 진짜일까?

과학적인 근거를 논하기 전에 강의를 하시는 분은 이전에 화상 환자에게 침을 놓았을 것이고, 그 결과 기존 치료법보다 화상의 치유가 더 좋았다는 말인데…, 그 이유가 무엇일까?

일단 급한 불은 꺼야 하니 화상의 기본적인 치료와 함께 침을 놓았다. 이마의 피부 두께라야 6~7mm 정도 되니 뼈에 다다르지 않을 정도로 침을 7개 정도 깊이 찌른다.

침을 꽂은 채로 약 30분간 누워 있게 하고 상처 부위에 바이오트론이라는 광선을 비춰준다. 그리고 드레싱을 할 때 후시딘 연고를 듬뿍 도포해줬다. 침은 약 1주일 정도 매일 맞았다. 그 결과 현재 진수라는 동생의 이마에는 화상의 흔적이 눈을 씻고 봐도 없다.

반신반의하던 내 머릿속은 호기심으로 가득 찼다. 3도 화상이 흉터 없이 치유된 현상을 목격한 뒤, 침이 하는 역할이 무엇인가에 대해 생각해 봤다. 그리고 며칠 뒤 모든 비밀이 풀렸다.

단순하기에 생각하기가 더 쉬웠다. 침은 상처에 바르는 약이 아니다. 그리고 마시는 약도 아니다. 단지 상처 위에 자극을 줄 뿐이다. 그런데 3도 화상은 통증이 없다.

침으로 자극한 부위는 뇌였다. 뇌에게 다쳤다는 신호를 침이란 도구로 강력하게 전달한 것이다. 상처를 치유하는 것은 전적으로 뇌가 했을 뿐이다.

약으로 사용되는 세상에 알려진 수많은 물질들은 어떻게 우리 몸에 작용하는 것일까? 간에 좋다는 물질들은 간 세포에 작용하는 것일까? 위에 좋다는 물질들은 위 세포에 작용하는 것일까?

아직 명확한 것은 아니나, 그 모든 물질들은 뇌에서 작용하는 것이라는 생각이 든다. 간 세포 손상으로 분해된 아주 작은 물질과 유사한 형태를 갖고 있는 물질이 간 세포 치유를 돕는 것이다. 유사한 형태란 파동을 의미하기도 한다.

뇌에게 간 세포가 다쳤다는 정보를 주면 뇌는 스스로 간을 치료한다. 마치 3도 화상을 말끔히 치료하듯이.

그런데 뇌는 자신의 장기가 다쳤다는 것을 왜 모를까? 그래서 스트레스가 문제다. 뇌세포가 자신의 몸을 돌볼 수 있는 여유가 있어야 한다. 노먼 도이지가 쓴 《기적을 부르는 뇌》라는 책을 한번 읽어 보시기 바란다.

애완견과 자극점

꿈쩍도 하지 않는 개를 움직이려면
어떻게 해야 할까?

우리 몸을 애완견이라고 생각하자. 아주 덩치가 크고, 운동이라곤 하기 싫어하고 항상 따뜻한 방구석에 퍼질러 누워서 먹기만 하는 뚱뚱한 애완견.

활동량이 줄면서 체중은 점점 불고, 고혈압, 당뇨병, 치질, 관절염까지 생기는 이 개를 어떻게 하면 집도 열심히 지키고, 운동도 열심히 하고, 주인과 잘 지내는 건강한 견으로 되살아나게 할까?

웬만해서 꿈쩍도 하지 않는 개를 움직이려면 어떻게 해야 할까?

신문지를 말아서 불을 붙인다. 그 불을 자고 있는 개의 눈앞에 갖다 댄다. 그러면 개는 집안 전체가 불이 난 줄 알고 헐레벌떡 나 살려라 하면서 이리저리 뛰어다니게 된다. 이게 바로 뜸이 아닐는지.

　바늘을 개의 눈 옆에 찌르면 개는 깜짝 놀라면서 벌떡 일어나 이리저리 뛰어다니게 된다. 이게 침이 아닐는지.

　그런데 불이나 바늘을 눈이 아닌 부위에, 즉, 엉덩이 부위에 갖다 대거나 찌르면 개는 약간만 꿈틀거리다가 대수롭잖게 계속 잠만 자게 된다. 여기서 눈이란 부위는 어느 질병에 효과가 있는 '자극점' 혹은 '혈자리'라고 볼 수 있다.

　개는 머리를 앞으로 하고 자고 있을 수도 있고 옆으로 하고 자고 있을 수도 있다. 그러니 우리는 이러한 '자극점'을 잘 찾아서 우리 몸이 가진 자연 치유력을 깨워야 한다.

내가 수술하는 것은 마음

어쩌면 '정신 외과'라고 볼 수도 있다.
수술을 잘하면 그 사람이 가지고 있는 마음의 병이 치유될 수도 있는 것이다.

　미용수술은 다쳐서 하는 수술이 아니다. 내가 의사이고, 이 공간이 병원이라면 고쳐야할 병이 있어야 한다. 한참 뒤에야 알았다. 내가 수술하는 부위가 '마음'이라는 것을. 나는 그 마음을 수술하는 의사라는 것을.

　어쩌면 '정신 외과'라고 볼 수도 있다. 수술을 잘하면 그 사람이 가지고 있는 마음의 병이 치유될 수도 있는 것이다. 반대로 수술이 잘못되면 없던 마음의 병도 생기게 된다. 미용수술을 하려는 환자들은 부서지기 쉬운 '유리컵' 같다. 상담할 때나 수술할 때나 항상 유리컵이 깨지지 않도록 조심스럽게 대해야 한다.

신주身柱

스트레스가 비만이고 비만이 스트레스이다.
비만 환자와의 상담 중에 어깨가 뭉쳐 있으면 신주를 누른다.

신주라는 지점은 제 3, 4 흉추돌기 사이에 있다. 이 지점은 '신경질환'에 중요한 혈 자리다.

대부분의 비만 환자는 어깨가 뭉쳤다. 즉, 스트레스가 많다는 것이다. 그로 인해 위장이 좋지 않다. 그러면 포만감이 적다. 그래서 먹고 돌아서면 또 먹고 싶어진다. 이런 경우에는 식욕억제제도 약하다고 한다.

"원장님! 좀 더 강하게 지어 주세요!"

"환자분이 내성이 생겨서 그래요."

"어떻게 해요?"

"약을 바꿉시다."

그러면 해결될까? 우리가 환자들에게 분명히 인식시켜야 하는 점이 바로 이것이다.

스트레스가 비만이고 비만이 스트레스이다. 비만 환자와 상담을 할 때 어깨가 뭉쳐 있는 것 같으면 신주를 누른다. 그리고 아프다 하면, 이 부위에 진통제 주사를 1cc 주사한다. 사실 주사액이 중요하다기 보다는 찌른다는 개념이 중요하다. 그리고 신신파스 한 장 붙이고 사흘 뒤에 다시 방문하라고 한다.

두 번 정도 하면 어깨 결림과 뒷골 뻐근한 느낌, 그리고 속 답답한 느낌이 사라진다. 요즘은 태반 주사도 여기 주사한다. 한 앰플만 주사해도 훨씬 효과가 좋은 것 같다. 비용이 적어지니 환자들도 부담이 없어서 자주 온다.

위장이 좋지 않은 분은 지양至陽을 찾아 주사한다. 이곳은 7, 8 흉추돌기 사이이다.

관상 성형

'관상이 좋은 얼굴'이란 '가만히 있는데 웃는 듯이 보이는 얼굴'이다.

　미용수술을 하는 목적은 예쁜 얼굴과 아름다운 몸매를 만들기 위해서이다. 그런데 '예쁘다'는 느낌에도 격이 있다. 그 느낌을 관상에서 찾아보려고 관상책을 구입해 읽고, 강의도 들었다.

　그리고 미용수술 상담을 할 때마다 관상이 좋은 얼굴은 이러하니 이런 방향으로 수술하자고 설명을 하게 되었다. '관상 좋은 얼굴'이란 목표를 세우고, 그 방향으로 수술을 권유하는 것이다. 그 목표라는 관상이란 것이, 비유를 하자면 '바다의 등대'와 같은 것이다.

　'관상이 좋은 얼굴'이란 한마디로 정의하자면 이렇다.

　'가만히 있는데 웃는 듯이 보이는 얼굴'이다.

영화 〈캐리비안 해적〉을 봤다. 직업이 성형외과 의사인지라 영화를 볼 때도 직업의식이 발동하여 배우의 얼굴을 자세히 뜯어보는 버릇이 있다.

캐리비안 해적에 나오는 여주인공 엘리자베스 스완의 얼굴은 영락없이 남편 복이 없는 상이었다. 관상학적으로 남편 복 없는 상은 콧날개 바로 옆의 부위가 푹 꺼지고 코가 좁은 얼굴을 말한다.

그런 얼굴은 화가 나서 찡그리는 상처럼 보이거나 욕구불만의 상태에서 울먹이는 상, 즉, 울상으로 보인다. 캐리비안 해적의 여주인공이 바로 그런 인상이었다.

공교롭게도 영화의 내용도 여주인공과 결혼하는 남자는 10년에 한 번 만나야 되는 운명으로 정해져 서로 헤어지게 된다. 영화를 보는 동안 '참 저 여주인공 남편 복 없게 생겼네'라고 생각했었는데 영화 내용도 그렇게 끝이 났다.

장쯔이나 공리 등 중국배우들을 가만히 보면 복이 없어 보이는 얼굴이다. 콧날개 옆 부위도 낮고 앞 광대 부분도 푹 꺼져서 밋밋해 보이는 얼굴이다. 왜 저런 사람이 자꾸 주연으로 등장할까?

생각해보니 그런 얼굴은 인상이 차가워 보인다. 배우들은 차갑게 보이고 냉정하게 보이면서도 웃으면 환하게 보여야 하고 또한 여러 가지 색깔을 지녀야 하는데 콧날개 부위가 통통하면 도통 차갑게 보이지 않는다.

냉정하고 차가운 분위기를 연출하여 보여줘야 할 때는, 장쯔이나 공리처럼 콧날개 부위가 푹 꺼져 있어야 한다. 그래야만 살짝 쳐다 만 봐도 찬바람이 쌩쌩 난다. 그래서 대부분 맡은 배역도 복이 없는 여자이다.

남편 복이 있는 얼굴로 만들려면 어떻게 하면 될까?

귀족 수술로 간단히 해결된다. 귀족 수술을 해야 하는 사람은 두 부류가 있다. 콧날개 주위가 꺼져 있으나 콧날개가 넓은 사람과 콧 날개 주위가 꺼져 있고 콧날개도 좁은 사람이다.

전자는 남편복은 없으나 본인이 능력이 있어 남편을 먹여 살려야 하는 타입이고 남편 복이 없는 것은 같다, 후자는 남편 복도 없고 본인도 돈 벌 능력이 없는 경우다. 이런 경우 주위 남자들은 측은지심이 발 동해 보살펴주나, 속된 말로 남자들의 손을 많이 타게 된다.

그렇다면 귀족 수술이란 뭘까?

수술을 한 얼굴이 귀족처럼 귀티나 보인다고 해서 붙여진 수술의 별명이다. 수술하는 부위는 콧날개 옆 부분이다.

귀족 수술은 이 부분을 튀어나오게 하는 수술이다. 튀어나오게 하 는 방법은 보형물을 삽입하는 방법과, 주사를 하는 방법이 있다.

요즘 성형수술의 목표는 관상이 좋은 얼굴을 만드는 것이다. 가만히 있어도 웃고 있는 듯 보고 조금만 웃어도 환하게 웃는 듯한 얼굴이다.

그러면 반대로 어느 부위가 얼굴을 가난하게 보이게 하는 걸까?

자신의 손으로 얼굴의 콧날개 옆 부위를 눌러보라. 소위 입 주위의 팔자주름이 시작하는 부위라고 보면 된다.

이 부분이 꺼진 얼굴은 당연히 입이 튀어나와 보인다. 또한 광대뼈가 돌출된 얼굴형이 많다. 입이 돌출되고, 광대뼈가 나와 보이는 인상을 웃는 얼굴이라 보진 않는다. 즉 관상이 안 좋은 얼굴인 것이다.

콧날개 옆 부분을 튀어나오게 하면 광대뼈도 작아 보이고, 입도 돌출되어 보이지 않는다. 그리고 어려보이는 얼굴이 된다. 또한 입 안으로 절개를 해서 수술하므로 흉터가 전혀 없다.

수술 시간은 약 20분 정도 소요되며, 수술 후 그 다음날도 일상생활이 가능하다. 어리고 부티 나는 얼굴을 원한다면 귀족 수술을 권할만 하다.

원장님은 전공이 뭔가요?

수술이란 것도 의사와 궁합이 있다.
내가 무슨 수술을 전공이라고 내걸어도 소용없다.

개업 초창기부터 지인들이 가장 많이 한 질문이 있다.

'잘하는 종목이 무엇이냐?'인데, 개업한 지 얼마 되지 않는데 뭐 잘하는 게 있겠는가? 닥치는 대로 해나가야지.

지금 생각해보니 수술이란 것도 의사와 궁합이 있다. 내가 무슨 수술을 전공이라고 내걸어도 소용없다. 예를 들어 '코 수술 전문'이라고 말하고 다녀도 내가 수술한 코가 예쁘지 않으면 그건 전공이 될 수 없다.

전공은 남들이 나에게 정해주었다. 개업 초창기에는 쌍꺼풀을 잘한다고 말해주더니, 몇 해 지나니 코 수술을 잘한다고 하고, 요즘은 유방 전문이라고 소문이 났단다.

나는 성형수술을 크게 두 가지로 나눈다. 원상 복귀가 되는 것과 안 되는 것.

피부를 잘라내는 수술은 원상복귀가 안 된다. 반대로 보형물로 모양을 만든 경우는 원상 복귀가 가능하다.

개업을 하는 동안 나는 원상복귀가 되는 수술을 주로 하게 되었다. 그런 수술들을 나열 해보면 코 수술, 고양이 수술, 귀족 수술, 무턱 수술, 유방 수술은 물론 쌍꺼풀도 많이 하지만….

세월이 흐르니 나의 전공이란 게 윤곽이 드러나는 것 같다.

인체의 민방위 훈련

피가 많이 나면 붓는 것이 오래 가고,
그것이 없어지는 것이 멍인 것이다.

여름 방학과 휴가철이 되었다. 대기실에는 수술을 기다리는 분들과 상담하러 오신 분들로 북적거린다.

큰 관심사는 예쁘게 얼굴이 변하는 것이다. 그런데 가장 많이 하는 질문은 수술 후 회복되는 기간이다.

"원장님! 언제쯤이면 정상적인 생활을 할 수 있어요?"

여름 휴가기간은 짧다. 그리고 일 년에 한 번 밖에 없는 소중한 시간이다. 이 짧은 휴가기간을 이용해서 외모에 자신감을 충전시켜야 한다. 부기와 멍이 오래간다면 아쉽지만 수술을 할 수 없다. 예쁘고 자연스럽게 수술하는 것은 기본이다.

그리고 고통이 없게 수술하는 것도 요즘은 기본이다. 이제는 회복을 빠르게 하는 것이 관건이다.

미용성형수술은 사고로 다쳐서 하는 수술이 아니다. 머리로는 미용수술을 한다는 기대와 긴장감이 있지만 육체는 무방비 상태다. 이런 육체에 수술을 하니 갑자기 혈압이 오르고, 출혈이 많이 생기고, 멍이 든다.

수술 중에 피가 적게 나게 해야 한다. 피가 많이 나면 붓는 것이 오래가고, 그것이 없어지는 것이 멍인 것이다. 그렇다면 어떻게 해야 피가 적게 나게 될까?

우리 인체는 사고로 다치면 혈관에서 피가 난다. 그러다가 일정한 시간이 흐르고 나면 혈액 응고 시스템이 발동한다. 그러면 피가 멈추게 된다. 만약 수술 전에 미리 이러한 혈액 응고 시스템을 발동시켜 놓으면 수술 중에 출혈이 적게 될 것이고 그렇게 되면 부종이 없게 되며 멍이 최소화 될 것이다.

어떻게 하면 미리 혈액 응고 시스템을 발동시킬 수 있는가?

그 해답은 인체가 수술 전에 미리 다쳤다고 느끼도록 하면 된다. 즉, 민방위 훈련을 실시하는 것이다.

수술 전에 미리 자기 혈액을 혈관에서 채취하여 자기 엉덩이에 주사한다. 이를 가칭 '자가혈 주사요법'이라고 한다. 그러면 인체의 감시기관은 혈관 안에 있어야 하는 혈액이 근육에서 발견되면 뇌에게 다쳤다고 보고하게 될 것이다.

그러면 인체의 뇌는 더 이상의 출혈을 방지하기 위해 출혈을 막는 혈액 응고 시스템을 발동하게 되고 또한 다친 곳에 있는 혈액을 없애기 위해 미세 혈액순환을 원활하게 한다.

또다른 방법은 스위스 알프산에서 조난당한 사람들의 동상치료에 사용해 온 '아니카 몬타나'라는 약초를 이용해 만든 '신애크'를 복용하는 것이다.

무통 마취

요즘 성형수술을 할 때는 전혀 아프지 않다. 국소 마취만으로 미용수술을 하던 시대에서 무통 마취의 시대로 진보했기 때문이다.

나는 '케타민'이라는 마취약을 주로 사용한다. 이 마취약은 적은 용량을 주사하면 기분 좋은 꿈을 꾼다. 반면 심장을 강하게 뛰게 해서 안전하다. 그런데 이 마취약 때문에 수술실에서는 재미있는 일들이 종종 생긴다.

수술 준비를 마치고 팔에 케타민을 주사한다. 환자는 잠이 오는 듯 몽롱한 느낌을 갖게 되면서 꿈을 꾸게 된다. 백남준 선생님의 비디오 아트 같은 풍경이 눈앞에 펼쳐진다. 너무나 황홀해서 눈물을 흘리는 경우도 있다. 소리는 들린다. 대화도 가능하다. 마치 최면술에 걸린 사람처럼 눈에 보이는 현상을 묘사해 보라고 하면 말을 한다.

어느 날 스케줄이 겹쳐 점심시간에 수술을 하게 되었다. 배가 약간 고프다. 케타민이 들어가고 환자는 꿈을 꾸기 시작했다.

수술 시작한 지 한 30분이 지났다. 환자는 아직 몽롱한 상태이다. 갑자기 조용한 적막을 깨고 내 배에서 소리가 났다.

"꼬록 꼬록!"

내 배가 환자 머리 쪽에 있는 관계로 환자는 너무나 선명하게 이 소리를 들었을 것이다. 환자는 환각 상태에서 배에서 나는 '꼬로록' 소리를 어떻게 받아 들였을까?

"원장님. 아, 어디선가 비둘기 소리가 들려요. 꾸룩꾸룩 하면서요. 너무 좋아요."

성형수술과 키미테멀미 방지 스티커

스트레스를 받으면
몸은 전쟁 준비를 한다.

저는 수술 환자에게 키미테를 붙여서 수술한다. 그 이유에 대해 말해보려고 한다.

가끔 수술 중에 환자 얼굴이 창백해지면서 이마에 땀이 송글송글 맺히고 토할 것 같다고 말하는 경우가 있다. 혈압과 맥박, 동맥 산소포화도 숫자가 떨어지면서 삐삐삐 하면서 경고음이 울린다. 환자 눈이 풀리고 입술이 파랗게 변한다. 이렇게 되면 의사는 혼비백산한다.

의사들은 큰소리로 환자 이름을 부르면서 밖에 있는 직원들을 불러 모은다. 응급 상황이다. 후다닥… 후다닥… 의사의 심장이 쾅쾅 뛴다. 혈압을 체크하고, 다리를 올리고 수액링거 주사 속도를 올린 다음, 산소마스크를 입에 대어 준다. 약 10분 정도 지나면 얼굴에 핏기가 돌면서 진정이 된다. 그 짧은 순간 의사의 간은 콩알만해진다.

이런 현상을 예방하는 나만의 노하우가 수술 전에 환자 귀 뒤에 키미테를 붙이는 거다.

미용 수술을 하기 전에 예민한 환자들은 스트레스를 굉장히 많이 받는다. 스트레스를 받으면 몸은 전쟁 준비를 한다. 모든 혈액은 교감신경계로 옮겨진다.

그런데 너무 예민해서 스트레스를 지나치게 받으면 부교감 영역에 남아있던 최소요구량의 혈액마저도 교감 영역으로 옮겨간다.

부교감 영역은 대부분 복부안의 내장 영역이라 보면 되는데 피가 없는 상태가 지속되면 폭탄이 터지듯 큰 사고가 터질 수 있는 곳이 있다. 바로 십이지장 부근이다. 여기 창자를 모두 녹일 수 있는 강력한 소화제를 생산하는 췌장이 있다.

이 부위에 고장이 날까봐 걱정이 된 뇌는 강력한 반사작용을 일으킨다. 반사작용의 강도는 지진으로 생기는 '쓰나미'와 같다. 뇌, 심장, 사지에 있는 모든 피들이 급격하게 내장으로 몰려간다. 그러면 심장의 박동도 떨어지고, 호흡도 느려지고, 몸 전체에 힘이 빠져 실신하기도 한다.

'이런 현상을 예방하는 방법은 없을까?'라는 것이 내 고민이었다.

방법은 두 가지이다.

첫째, 너무 과도하게 교감신경계로 피가 몰리지 않게 하는 것이다. 환자가 수술 전에 너무 스트레스 많이 받지 않게 편안하게 해주고, 둘째, 반사작용이 일어날 때 부교감으로 피가 너무 많이 오지 않게 하는 것이다.

키미테의 성분인 스코폴라민으로 두 번째를 겨냥한 것이다. 부교감신경계로 너무 많은 피가 오는 것을 억제하는 역할을 한다. 먹는 약도 있으나 키미테가 안전한 것 같다.

부기와 멍이 없는 약

미용수술을 받고 부기와 멍이 없다면
이보다 더 큰 혁명은 없을 것이다.

  1999년도 미국 샌프란시스코에서 성형외과 학회가 열렸다. 많은
의료기 업체와 제약사에서 다양한 물건들을 전시해 놓았다. 사실 학
회를 가는 목적이 강의를 듣는 것보다 전시된 물건들을 구경하고 구
매하는 것에 있는 경우가 더 많다.

  이리 저리 둘러보고 있는데 "수술 전후에 복용해서 부기와 멍을
최소화 시키는 약"이라는 선전 문구가 눈에 들어 왔다. 약의 이름은
신애크sinecch, sin은 '적다'는 뜻이고 ecch는 '멍이 든다'는 뜻이다.

  미용수술을 받고 부기와 멍이 없다면 이보다 더 큰 혁명은 없을
것이다. 부스에 무료로 나눠주는 신애크 샘플을 받았다.

'야! 이런 귀중한 발견이 있나. 미국 학회에 오길 잘했어. 나중에 테스트 해 봐야겠다.'

3개월 뒤 하와이. 턱 끝에 보형물을 넣는 무턱 수술과 비중격 만곡증 수술을 나 자신이 받게 되었다. 그래서 나에게 직접 신애크를 테스트하는 기회를 가지게 되었다. 결과는 놀라웠다. '세상에! 이렇게 부기가 없을 수가!'

귀국을 하고 개업을 한 후 정신없이 사는 어느날 우연히 책상 서랍에서 신애크 관련 서류가 나왔다. '왜 아무도 이 신기한 약을 수입하려고 하지 않을까?'

그로부터 10년이 흘러 2009년. 드디어 신애크가 한국에 상륙하게 되었다. 한국에 상륙하는 두 번째 동종 의학 약품이었다. 첫 번째 약품은 '트라우밀'이라는 약이었다. 피나는 노력 끝에 식약청 허가를 받았다고 하는데 왜 한국 식약청에서의 통과가 그렇게 힘들었을까?

신애크의 주요 성분은 '아르니카몬타나'라는 국화과 약초다. 스위스의 알프스 산맥에서 나는 것으로 미세 혈액 순환에 특효가 있어서 조난자의 동상 치료에 이용되었다. 그런데 이 약초는 독약으로, 외용은 되지만 복용은 되지 않는다.

많이 먹으면 장내 출혈이 일어나 위독해질 우려가 있다. 여기 동종요법이 적용된다. 비슷한 것으로 비슷한 것을 고친다는 요법이다.

출혈을 일으키는 독약을 20만분의 1로 희석해서 우리가 원하는 순수한 성분만을 증폭시킨다. 즉 인체에 유해한 독성분은 사라지게 된다. 입자의 크기가 매우 적어져서 흡수와 통과가 매우 빨라진다.

이 성분을 복용을 하면 뇌는 몸에서 대량 출혈이 있다고 착각하게 된다. 그 대응책으로 뇌는 더 이상의 출혈을 막고 이미 출혈된 핏덩이를 치우는 미세 순환을 활성화하게 된다. 출혈을 일으키는 약으로 출혈을 미연에 방지하게 되는 메커니즘. 이것이 동종요법이다.

그런데 신애크의 주성분이라는 아르니카몬타나를 현대과학으로는 찾을 수가 없다는 것이 식약청에서 발목이 잡힌 원인이다.

아르니카몬타나가 주성분이기는 하나 이 약에는 형체는 없어지고 정신만 깃들어있다고 할까? 우여곡절 끝에 신애크는 한국 식약청을 통과하였다. 짝짝짝.

앞으로 성형외과 영역뿐만 아니라 모든 외과 영역에서 이 신애크를 복용하게 될 것이라 확신한다.

테트라 포트에서 얻은 귀족 수술의 비결

방파제 아래에 깔린 '테트라 포트'를 보고 영감을 얻었다.
보형물을 삼발이 형으로 조각해서 삽입한다.

바닷가 방파제에서 낚시꾼이 발을 디디고 서있는 콘크리트 구조물을 '테트라 포트'라고 한다. 일명 '삼발이'라고도 하는데, 방파제의 유실과 파손을 방지하기 위해 많이 사용한다. 삼발이들이 서로 얽혀 강력한 파도에도 튼튼하게 위치를 고수한다.

귀족수술이 사용되는 실리콘 보형물은 위에서 보면 직각 삼각형이고 옆에서 보면 둥근 타원형이다. 콧날개 옆 부분이 꺼진 경우에 이 부위가 통통하게 보이도록 보형물을 삽입해주는 수술이 귀족 수술이다. 수술은 간단하다. 문제는 보형물의 위치 고정이다.

보형물을 삽입하기 위해 공간을 만든다. 이 공간이란 게 몸의 입장에서는 '상처'와 같다.

상처가 아문다는 현상은 공간을 좁아지게 한다. 그래서 둥근 보형물이 조금씩 밀려 내려온다. 위치를 고정하는 방법이 없을까? 하고 고민을 하게 된다.

그러다가 보형물 삽입을 포기하고 필러 주사나 지방이식을 하는 의사가 늘기 시작했다. 콧날개 옆 부위는 압력이 강하게 작용하므로 주사액이나 지방으로는 어림없다.

방파제 아래에 깔린 '테트라 포트'를 보고 영감을 얻었다. 보형물을 삼발이 형으로 조각해서 삽입한다. 공간이 좁아도 삽입이 가능하고 꽉 끼여져 수술 즉시 고정이 되어 버린다.

시간이 흐를수록 삼발이 사이로 살이 자라 들어가 더욱 견고한 고정이 된다. 그렇게 귀족수술을 하고 나니 부작용이 사라졌다.

쌍꺼풀 수술

쌍꺼풀 선의 모양은
의사가 만드는 게 아니라 높이에 따라 이미 정해져 있다.

대학병원에서는 개업 의사처럼 쌍꺼풀 수술이 많지 않다. 그래서 성형외과 레지던트 4년간의 수련을 다 마쳐도 쌍꺼풀 수술에 자신 있다는 사람이 아마 없을 것이다. 그때부터가 미용수술의 새로운 시작이다.

전문의가 되어 처음 근무하게 된 곳은 경상병원이었다. 거기서 4년을 보내게 되었다. 개업하기 전까지는 큰 실수 없이 수술 실력을 올려야 한다. 의사끼리 이야기하는 '무공' 말이다. 처음 내가 선택한 쌍꺼풀 수술방법은 '단매듭 연속 매몰법'이었다.

1. 매몰법

이 수술 방법은 흉터가 없고, 부기가 빨리 빠지는 장점이 있었다. 어쩌다보니 그 지역에서 쌍꺼풀 수술을 잘하는 성형외과 과장으로 유명해졌다. 그 당시 경산시 쌍꺼풀 수술은 혼자서 거의 다 했을 정도였다.

매몰법에서 가장 중요한 점은 '쌍꺼풀의 높이'였다. 굵기를 정하고 그 곳에 실을 묶어주면 된다.

매몰법의 문제는 시간이 지나면서 선이 약해지거나 풀린다는 치명적인 단점이 있었다. 안 풀리게 해보려고 여러 가지 시도를 해보았지만, 매몰법 그 자체의 원리대로 풀릴 수 밖에 없었다. 4년간 매몰법으로 쌍꺼풀 수술을 하다가 결국 포기하게 되었다.

2. 매몰법이 잘 풀리는 이유

쌍꺼풀 수술은 눈 뜨게 하는 근육에 피부를 붙여주는 수술이다. 그래서 눈을 뜨면 그 부분에 주름이 잡힌다. 원리는 볼에 생기는 '보조개'와 같다.

그런데 매몰법이라는 수술이 풀리는 원인이 있다. 피부와 근육 사이에는 아주 미끌미끌한 조직이 있다. 이것이 지방을 싸는 막인데 피부와 근육이 서로 결합하는 것을 방해한다.

이 막을 없애기 않은 채 피부와 근육, 그 사이의 막을 샌드위치처럼 묶어주는 수술을 '매몰법'이라 한다. 이 막을 없애기 위해서는 절개를 해야만 한다. 그런데 회복이 빠르다는 매몰법의 장점을 살리면서 풀리지 않는 견고한 수술은 없을까? 그 수술 방법이 '부분 절개법'이었다.

3. 부분 절개법

부분 절개법에는 두 가지 방법이 있었다. 중간에 1cm 정도 절개하는 방법과 2mm 정도 절개를 세 군데 하는 방법이다.

세 곳을 작게 절개하는 방법으로 했더니 수술 후 6개월 지난 환자들이 불평을 많이 했다. 눈을 감으면 세 곳이 쇼파 바느질 한 것처럼 움푹 들어가 보여서 다른 사람들이 자꾸 입을 댄단다. 그래서 이 방법으로는 하지 않게 되었다.

그래서 중간에 절개하는 방법으로 수술하기 시작했다. 그런데 이 방법의 단점은 지방이 많은 눈인 경우, 수술 후 눈을 감으면 중간에 절개한 부분만 움푹 파여 보였다. 그래서 요즘은 조금 길게 절개한다. 그렇게 해도 부기는 4일이면 모두 빠진다.

그런데 중간에만 절개해 실로 고정을 해주면 앞과 뒤 부분에 선이 희미하게 되는 게 아닌지 걱정하시는 분들이 많았다. 그리고 선의 모양을 '아웃라인'으로 만들어 달라는 분들도 많았다.

4. 쌍꺼풀 선의 모양

쌍꺼풀 선의 모양은 의사가 만드는 게 아니라 높이에 따라 이미 정해져 있다. 마치 나무의 나이테 선처럼 높이에 따라 다른 선들이 있다.

안구는 구슬처럼 둥글다. 안구에서 가장 돌출된 곳은 눈에서 검은 부분 즉 동공이다. 이 동공에서 이마 쪽으로 가상의 수직선을 긋고 쌍꺼풀의 높이를 정한다.

경험상 7~7.5mm 정도면 자연스러운 것 같다. 그 부분에 점을 찍으면 눈에는 예쁜 쌍꺼풀 선이 생긴다. 한부분만 고정하면 풀릴 가능성이 있으니 양 옆 부분에 두 개의 고정점이 필요하다.

그런데 그 두 부분은 검은 눈동자의 범위를 벗어나지 않아야 한다. 인라인인 눈을 아웃라인으로 만들다보면 자연스러운 선의 모양이 되지 않는다. 그러니 쌍꺼풀 선의 모양은 하느님이 정해주신 모양대로 수술하는 게 가장 예쁜 선이 된다.

5. 쌍꺼풀이 풀렸어요

쌍꺼풀 수술이 성공적으로 됐다. 기분 좋게 서로 인사를 하고 헤어졌는데…. 1년이 지나 쌍꺼풀이 풀려버렸다. 왜 이럴까?

성형수술을 이해하기 위해서는 머리와 몸이라는 두 가지 입장에서 생각해봐야 한다.

머리의 입장에서는 예쁜 쌍꺼풀을 위해 수술했지만 몸의 입장에서는 눈꺼풀에 상처를 입은 것이다. 몸은 본능적으로 상처를 치유하려고 한다. 굳은살을 서서히 새 살로 교체한다.

그러면 비정상적으로 붙어 있던 조직들이 떨어져 제자리로 돌아가려고 한다. 몸은 간신히 상처난 눈꺼풀을 원상태로 만들었는데, 머리는 쌍꺼풀이 풀렸다고 슬퍼하는 것이다.

쌍꺼풀이 든든하게 고정되려면 '염증반응'이 생겨야 한다.

6. 쌍꺼풀이 안 풀리게 하는 방법

첫째, 너무 어린 나이에는 수술을 하지 않는다. 성장기에 있는 아이는 상처가 빨리 아물게 되어 굳은살이 새 살로 재빨리 교체를 하게 된다. 둘째, 매몰법으로 하지 않는다. 셋째, 수술할 때 지나치게 가는 실로 고정을 시키지 않는다. 넷째, 수술 후에 염증을 생기지 않게 하는 항생제와 소염제를 복용하지 않는다.

7. 트임을 하면 눈이 커지나요

눈은 공처럼 생긴 안구가 동굴처럼 생긴 뼈 안에 들어간 모양을 하고 있다. 안구가 뼈 안으로 많이 들어가 있으면 눈이 작다.

반대로 밖으로 돌출되어 있으면 눈이 크다. 앞 트임을 하면 눈이 조금 더 커져 보인다. 흰자위를 지붕처럼 덮고 있는 몽고주름을 제거하기 때문이다.

그에 반해 뒷 트임은 대부분 붙어 버린다. 안 붙도록 크게 째면 속눈썹이 없어져 눈빛이 이상해 보인다.

2000년도 초기부터 트임이란 수술이 유행되기 시작했다. 그 당시 흉터가 많이 생기는 앞트임으로 수술한 분들은 정신적 고통이 매우 심했다. 흉터 때문에 고민하는 분들도 많았지만 앞트임 후 눈빛이 날카로워진 것이 또한 큰 고민이었다. 트임이란 수술은 조금은 신중하게 해야 한다.

8. 제 눈이 안검하수증인가요

한국 마라톤의 영웅 이봉주 선수의 눈이 안검하수증이다. 약간 졸린 듯 이 보이는 눈이다. 이런 눈인 경우 눈이 활짝 뜰 수 있도록 안검하수증 교정 수술을 해야 한다. 일단 쌍꺼풀을 만든 다음, 눈꺼풀을 올리는 근육을 당겨내려 고정해준다.

고무줄을 당겨내리면 위로 올라가듯 눈꺼풀이 크고 선명하게 떠진다. 이 수술을 '눈매 교정술'이라고 표현하기도 한다. 안검하수증인 경우 이마에 주름이 많고, 눈썹과 눈 사이의 거리가 멀다.

진찰할 때 눈썹을 손가락으로 눌러 고정하면서 눈을 떠보라고 하면 어려워 한다.

그런데 안검하수증이 아닌데도 위와 같은 현상이 생기는 경우도 있다. 무의식중에 눈이 작다고 느끼기 때문에 습관적으로 눈을 크게 보이려고 크게 뜨면 이런 현상이 생긴다.

습관성인 경우는 교정수술을 하지 않아도 된다.

코 수술

일단 코 수술에서 가장 중요한 키 포인트는 보형물의 모양이었다.
보형물을 조각하는 실력에 따라 결과는 좌우된다.

1. 석고로 코 본을 뜨자

코 수술을 잘해야 개업해서 성공할 수 있다. 코 수술 잘하는 병원
은 눈 수술도 덩달아 많지만 눈 수술 잘하는 병원에 코 수술은 적다.
코 수술을 잘하려면 어떻게 해야 할까?

일단 코 수술을 많이 하시는 선배님 병원에 가서 수술을 많이 보
는 게 가장 중요하다. 그런데 그런 기회가 적다. 개업하기 전에는 준
비한답시고 선배님 병원에 기웃거릴 수 있으나 개업하고 나면 다른
병원에 구경 가기가 힘들다.

선배님 병원에 수술 견학을 갔다. 진지하게 관찰해야 한다. 건성

으로 보지 말고… 무엇이 중요한 포인트인지를 알아야 한다.

선배님은 여유롭게 코를 세우고 계셨다. 코에 잉크로 디자인을 하시고 마취를 하신다. 콧구멍 안에 절개를 하고 보형물이 들어갈 공간을 만드신다. 지혈을 위해 간호사에게 코를 누르고 있으라고 지시하고, 소독된 실리콘 보형물을 하나 선택한다.

환자의 코에 올려보고 수술용 가위와 메스로 실리콘을 조각하신다. 대충 조각하신 다음에 코 안 삽입해서 모양을 보신다. 보형물을 꺼내어 조각을 한 다음 다시 삽입해 겉모양을 보신다. 만족스러우시면 코 안 피부를 실로 봉합해서 수술을 끝내신다.

대학에서는 저런 실리콘 보형물의 종류가 적었다. 의료기 업자들이 대학에는 보형물을 판매하러 방문하지 않는다. 개업한 성형외과 의사들이 미용 코 수술을 더 잘하는 이유 중의 하나일지도 모른다.

선배님들마다 코 수술 때 선호하는 보형물의 모양이 달랐다. 그래서 각 병원에서 수술한 코들이 비슷한 모양을 하고 있었다. 일단 코 수술에서 가장 중요한 키 포인트는 보형물의 모양이었다. 보형물을 조각하는 실력에 따라 결과는 좌우된다.

실리콘을 잘 깎기 위해서 무엇을 해야 할까? 조각을 배워야 하나?

치과 기공소에서 작업할 때 쓰는 드릴 같은 기계를 하나 구입했다. 실리콘 보형물을 칼과 가위로 깎고, 드릴과 버로 갈아보았다. 그런데 너무 뜨겁다. 앗! 뜨거. 실리콘을 갈아보니 먼지도 많이 나고, 굉장히 뜨거웠다.

열심히 실리콘을 깎는 연습을 했지만 결론은 이건 의사가 할 일이 아니다 라는 생각이 들었다. 그리고 떠오른 재미있는 아이디어. 치과에서는 석고로 치아 본을 제작해서 기공소에 보낸다. 기공사가 주문한 틀니를 제작해서 보내준다. 치과 의사는 그 제작된 틀니를 환자에게 수술해준다. 나도 그렇게 하면 되겠네! 야호!

일단 수술하기 전 환자의 코를 석고로 본을 떴다. 그 석고본에 보형물의 두께와 길이, 폭을 디자인했다. 솜씨 좋은 보형물 제작기술자와 계약을 했다. 결과는 대박이었다. 코 수술이 아주 쉬워졌고, 수술 시간도 훨씬 단축되었다.

2. 실리콘이 움직여요

보통 코 수술할 때 실리콘 보형물을 삽입하는 위치는 코뼈와 뼈의 막 즉 골막 사이의 공간에 넣는다. 그러면 움직이지 않는다고 배웠다.

그런데 움직인다. 좌우로. 별문제 아니라고 지내는 분들도 많지만 부작용이라고 재수술하시길 원하는 분들도 생긴다. 실리콘을 고정을 하기 위해 철저히 골막아래에 넣고 보형물에 구멍을 뚫었다. 그래도 움직인다. 구멍을 더 많이 뚫었다. 여전히 움직이고 더군다나 콧등 전체가 붉게 된다. 구멍사이로 자라는 살들은 고무처럼 늘어나고 붉은 살이다. 혈액 순환이 좋다. 고민이다. 이런 숙제들이 잘 안 풀린다. 선배들한테 물어봐도 똑바른 정답이 없다. 골막 아래에 넣는다는 것을 다시 한 번 생각해 봤다. 골막이란 게 보형물이 들어가는 공간만큼 늘어나 줄까? 아니다. 그냥 찢어지는 것뿐일 것이다.

보형물 아래에 골막이 놓이면 뼈와 보형물의 접촉면에 미끌미끌한 막이 형성되고 보형물은 움직인다. 보형물 옆면을 톱니 모양을 조각해서 수술 해봐도 여전히 움직인다. 그러다가 우연히 보형물이 안 움직이는 수술방법을 알게 되었다.

콧등에 혹처럼 뼈가 튀어나와 있는 코를 매부리코라고 한다. 튀어나온 뼈를 갈아주는 수술기구가 있다. 보통 코를 세우는 수술을 하는 경우에도 콧등에 뼈를 갈아주듯이 갈아준다. 이렇게 수술을 하고 나면 약 2주가 지나면 실리콘 보형물이 콘크리트처럼 굳어버린다.

왜 이제야 이 방법을 알았을까?

그동안 수술한 분들께 죄송한 마음이 든다. 다른 후배들은 모두 이 방법을 알고 있을까?

3. 수술한 코가 예쁘지 않다

자연스럽고 움직이지 않는 코를 만들긴 했는데 내가 보기에 예쁘

지가 않다. '어떤 코가 예쁜 코인가?'

예쁜 코의 정의를 내려야 한다. 코를 세우는 것은 예뻐지는 게 아니다. 예쁘게 수술해야 예뻐진다. 콧등과 코끝을 세웠다고 가정하자. 코는 높아졌지만 그만큼 길어진다.

코가 길어지면 나이가 들어 보인다. 길어 보이지 않게 수술해야 한다. 그렇다고 너무 낮게 세우면 환자들은 만족하지 못한다. 어떻게 하면 세운 코가 길어 보이지 않을까? 그래서 탄생한 수술이 '고양이 수술'이었다.

내가 내린 예쁜 코의 정의는 이러하다.

첫째, 코는 짧아야 예쁘다. 둘째, 콧등보다 코끝이 높아야 한다. 셋째, 코와 인중의 각도비순각가 100도가 되어야 한다.

4. 수술의 목표는 서구형 얼굴이다

한국인들이 하는 모든 수술을 모아 보면 얼굴이 서구형이 된다. 즉 백인형 얼굴이 된다. 이마를 볼록하게 하고, 눈을 크게 하고, 코를 높게 세우고, 광대뼈와 사각턱을 깎고, 돌출입을 교정을 한다. 이 모든 수술을 받는데도 무언가 2%가 빠진 것 같다.

솜씨 좋은 요리사가 맛있는 음식을 만들 때 들어가는 비밀스러운 노하우.

며느리한테도 안 알려준다는 양념의 비법처럼 얼굴을 수술하는 데도 그런 '키포인트'가 있을 것이다.

일단 백인 미녀 배우들을 유심히 분석한다. 한국 미녀 배우들을 자세히 분석한다. 그리고 온갖 수술을 다한 성형미인 얼굴을 분석한다. 드디어 수술을 해도 예뻐지지 않았던 이유를 알게 되었다. 결론은 인중과 코가 만나는 지점이 꺼져 있으면 예뻐 보이지 않았다.

이 부위를 튀어나오게 하는 것이 코를 짧아보이게 하는 방법이고, 코끝이 더 높아지는 방법이고, 비순각이 100도가 되는 방법이었다.

돌출 입 수술

인중과 코의 연결 부분의 각도가 100도가 되는가?
그렇다면 그대의 얼굴은 분명 아름다운 얼굴일 것이다.

한국 사람은 대체로 돌출 입을 가진 사람이 많다. 치과에서 교정으로 많이 개선되지만 용기를 못 내고 그냥 지내는 분들이 많은 것 같다. 치과 교정치료를 받지 않고도 입이 들어가는 수술이 있다.

튀어나온 치아를 집어넣는 것이 아니라, 턱 끝부분과 인중 부위를 튀어나오게 하면 입이 감쪽같이 들어가 보인다.

이 수술은 코를 세우는 것처럼 보형물을 삽입하는 수술이다. 수술 시간은 대략 40분 정도 소요되며, 대략 1주일이면 부종이 사라지고 회복된다.

얼굴은 항상 무엇에 비해 낮거나, 아니면 튀어나와 있다. 즉, 비교를 하는 기준이 있다.

쌍꺼풀을 하고, 코를 세우고, 치아 교정, 광대뼈와 각진 턱까지 교정하였으나 예쁘다는 느낌을 주지 못하는 경우가 있다. 그런 경우 옆 얼굴을 자세히 분석해보라, 그러면 답이 나올 것이다.

자신의 손가락으로 턱 끝과 입술, 그리고 코끝에 대어보라. 그 선이 일직선이 되는가? 인중과 코의 연결 부분의 각도가 100도가 되는가? 그렇다면 그대의 얼굴은 분명 아름다운 얼굴일 것이다.

입이 들어가게 하는 수술은, 흉터가 안 보이게 입 안으로 시행한다. 무턱 교정용 보형물을 턱 끝에 삽입하고, 코와 인중 사이에 보형물을 넣어주는 일명 고양이 수술을 하면 된다.

일주일이 지나면, 당신은 입이 들어간 얼굴로 친구들을 깜짝 놀라게 할 수 있을 것이다.

무턱 수술

무턱 수술은
간단하면서도 큰 자부심을 주는 안면 윤곽수술이다.

턱이 들어가 보이는 사람들이 주위에 많다. 이런 경우를 무턱이라고 표현한다. 턱이 적은 사람은 일단 가벼워 보인다. 즉, 묵직해 보이지 않고 이해관계에 따라 이리저리 철새처럼 옮겨 다닐 것 같은 인상을 준다.

여성인 경우, 나이가 많이 들어도 성숙해 보이지 않는다. 아직 중학생처럼 보이는 경우도 있다. 나이가 어려 보여서 좋지 않냐고 하시는 분들도 있지만 미성숙해 보인다는 말이다.

턱이 들어가 있으면 입이 튀어나와 보인다. 치과 교정을 다 마친 경우에도 여전히 무턱인 경우도 있다. 이런 경우, 무턱 교정수술을 고려해보자.

무턱 교정수술은 크게 두 가지로 나눈다. 턱 끝 뼈를 앞으로 끄집어내는 수술과 자신의 뼈 대신 보형물을 삽입하는 수술이 있다.

나는 보형물 삽입 수술을 권유하고 싶다. 수술시간이 약 20분 정도 걸리고, 마음에 들지 않으면 제거해서 원래 모습으로 돌아갈 수도 있다.

입 안으로 수술을 하니 밖으로 흉터가 보이지 않는다. 회복되는 시간은 약 1주일이면 된다.

많은 분들이 입이 돌출된 경우 자신이 '무턱'이란 생각을 못하는 경우도 많은 것 같다. 무턱 수술은 간단하면서도 큰 자부심을 주는 안면 윤곽수술이다.

고양이 수술

고양이 수술은
아주 드라마틱하고 결과가 예쁜 수술이다.

'고양이 수술'은 내가 제일 많이 하는 수술의 별칭이다. 수술 결과가 고양이처럼 보여서 수술 별칭을 그렇게 지었다. 고양이 수술이 무엇인지 말씀드리려고 한다.

한국인들은 얼굴뼈의 성장이 양옆으로 진행되어 납작하고 넓은 얼굴이 많다. 반면에 서양인들은 얼굴뼈가 앞뒤로 많이 자라 얼굴이 좁고 작다.

한국인들은 좁고 작은 얼굴이 되고 싶어한다. 그래서 광대뼈와 사각턱 축소 수술과 같은 안면 윤곽 수술을 많이 한다. 이 두 가지 수술을 합쳐서 '돌려깎기'라는 말도 한다. 그리고 납작한 이마는 볼록

하게 코는 오똑하게 세워 얼굴이 더욱 좁아 보이게 한다.

이런 수술을 모두 받은 집념의 아가씨가 많다. 그런데 얼굴이 여전히 납작하다는 느낌이 든다. 이유는 코와 인중이 만나는 지점이 납작하거나 꺼져있어서 그렇게 보이는 것이다.

서양인들의 얼굴을 자세히 보면 코와 인중이 만나는 지점이 꺼져있는 얼굴은 없다. 윗입술과 일자가 되는 정도로 튀어나와 있다. 이런 얼굴이 세련되어 보이고 고급스러워 보인다.

개와 고양이를 비교한다면 개는 입이 돌출되어 있고 고양이는 입이 들어가 있는 모양이다. 그래서 '고양이 수술'이라고 한다. 조금 더 자세히 설명드리면 '비순각 교정' 수술이라고도 한다.

콧구멍 사이의 기둥을 비주鼻柱라고 한다. 비주와 인중이 만나는 지점을 비주의 최저점 이라하며 줄여서 '비주저'라고 한다.

비주저에 실리콘 보형물을 삽입해서 돋우어 주는 수술을 '고양이 수술'이라고 한다.

고양이 수술을 해서 효과가 있는 경우는 다음과 같다.

코끝이 낮은 경우, 돌출 입, 웃을 때 화살 코가 되는 경우, 턱 끝이 주걱턱처럼 보이는 경우고양이 수술을 하면 턱이 작아 보인다 웃을 때 잇몸이 많이 보이는 경우, 광대뼈가 넓어 얼굴이 평면으로 보이는 경우에 고양이 수술은 아주 드라마틱하고 결과가 예쁜 수술이다.

보톡스와 필러 주사

강한 균은 국소적으로 염증이 생기지만,
약한 세균은 전신으로 퍼져나가 사람이 죽기도 한다.

보톡스 주사는 근육을 마비시켜 얼굴의 표정 주름을 없어지게 하는 치료법이다. 그런데 보톡스는 현존하는 독소 중에 인체에 가장 강력한 독이라고 한다.

그래서 이런 강력한 독을 아주 적게 인체에 주사하게 되면 마비현상 이외에 자극stimulation이라는 현상이 생긴다.

보톡스 주사의 마비현상은 다 아는 현상이나, 마비가 오면 항상 보상작용이 생긴다. 이런 보상 작용을 이용하면 재미있는 현상이 생긴다.

보상 작용compensation.

동일한 방향으로 운동하는 근육에서 어느 부분이 마비가 되면 인접한 근육이 더 많은 운동을 해줘야 한다. 사각턱을 교정하기 위해 턱 근육에 보톡스를 주사하는 경우, 드물지만 주사한 뒤편 근육이 불룩하게 올라오는 경우가 있다. 근육이 넓은 경우에 생기는데 이것을 수평적인 보상 작용이라고 보자.

이마 주름을 없애기 위해 보톡스 주사를 놓다가 눈썹을 당겨 올리는 근육이 마비되어 눈꺼풀이 처지는 부작용이 생기기도 한다. 그런데 반대로 다른 방법으로 보톡스 주사를 맞으면 눈썹이 처지는 것이 아니라 눈썹이 올라가게 하는 방법이 있다.

이런 주사 방법을 '덜모 톡신'이라 한다. 이런 현상은 인체의 보상 작용을 이용하는 방법이다. 눈썹이 올라가면서 이마를 당기는 수술을 한 것처럼 보이게 하는 현상. 즉, 이마 피부가 리프팅이 되는 경우는 수직적인 보상작용이라고 본다.

수직적인 보상을 위해 근육을 자른 면을 상상해 보자. 보톡스 주사를 근육 깊숙이, 뼈 가까이 찌른 경우는 근육 전층에 마비가 오게 되므로 움직이지 않는 말뚝이 된다. 즉, 고정이 되어버린다.

반대로 모기에 물린 것처럼 아주 표면에superficial 주사하면 근육의 표면이 마비가 된다. 그러면 깊은deep 부위의 근육은 보상 작용으로 더욱 강력한 수축이 일어나게 된다. 그러면 고정된 피부말뚝 쪽으로 이동하게 된다.

나는 '덜모 톡신'을 이런 원리라고 이해하고 있다. 이마가 리프팅이 되고, 턱선이 달라붙는 현상. 그 다음으로 강력한 독소로서의 피부 자극 현상을 이용하면 혈액 순환이 좋아진다.

얼굴 피부가 건성이 되어버린 경우, 잔주름이 많이 생긴다. 이것은 표정 근육에 의해 생기는 것이 아니며 피부에 보습이 되지 않아서 생기는 현상이다.

이때 얼굴 전체의 피부 표면에 아주 약하게 주사하면 강력한 독이 우리 몸에 들어온 걸로 신호를 받고 그 자극에 대한 방어 기전으로 얼굴에 혈액순환이 좋아진다.

그리고 독소가 퍼지는 것을 막기 위해 피부 표면은 수축하게 된다. 즉, 독이 몸 안으로 퍼지는 것을 막기 위한 방어기전이다.

그래서 땀구멍이 수축하고 모공이 좁아지고 혈액순환이 좋아지고 안면 혈색이 좋아지고 움푹 파인 흉터 아래 섬유화 조직이 생기면서 튀어나오기도 한다. 탈모 부위에 주사하면 혈액 순환이 좋아져 머리카락이 나오고 자라는 현상도 나타난다.

강한 균은 국소적으로 염증이 생기지만, 약한 세균은 전신으로 퍼져나가 사람이 죽기도 한다.

지방 주입술

지방세포를 적당한 양 넣어주고 애지중지 키워야 한다.

지방 주입 수술은 지방을 배나 허벅지 등에서 빼서 얼굴에 넣어주는 수술이다.

문제는 이식한 지방세포들이 너무 빨리 사라져 버린다는 것이다. 그래서 지방이 아니라 다른 물질로 얼굴을 통통하게 할 수 없는지 묻는 분들이 많다. 그런데 선풍기 아줌마가 되기 싫으면 지방이식을 하는 방법 뿐이다.

문제는 이식한 지방세포를 얼마나 오래 살게 하느냐가 관건이다.

지방세포는 살아있는 인체의 세포이다. 즉, 영양이 공급되어야 되고, 산소 호흡을 해야 한다. 배나 허벅지에서 혈관으로부터 영양을 공급받으면서 잘 살고 있는 지방세포들을 갑자기 납치해서 얼굴이라는 동네에 넣어버린 상태다.

지방세포들을 갑작스런 환경 변화에 매우 당황해 한다. 그래서 적응하지 못한 세포들은 죽게 된다. 그리고 좁은 공간에 너무 많은 양의 지방세포를 넣어주면 세포들은 압사당해서 죽는다. 흡수되어 없어진다고 너무 많은 양을 넣으면 안 된다.

적당한 양을 넣어주고 애지중지 키워야 한다. 얼굴에 혈액순환이 잘 되도록 해서 살려야 한다. 그리고 어느 정도 시간이 경과한 후에 지방을 보충해준다.

이때껏 우리는 지방이식을 할 때 많이 넣어서 50% 살린다는 생각을 했지만 이제는 그 개념을 바꾸어야겠다.

유방이 딱딱해졌어요

유방이 작다는 것은 신체적인 병이 아니다. 이것은 마음의 병이다.
일단 유방 확대를 생각하는 주체는 머리다.
그래서 확대 수술을 받는다.

"원장님! 유방 확대수술의 부작용을 막을 방법은 없습니까? 원장
님께서 하라고 하신 것은 다 해봤는데 이렇게 딱딱해져서 재수술을
해야 한다고 하니 너무 억울합니다. 내 팔자려니… 내 체질이려니
라고 생각은 하지만 너무 분합니다."

유방 확대술은 환자의 만족도가 가장 높은 수술이다. 반면 부작용
인 구형 구축을 막을 비방이 없다. 딱딱해지는 현상을 예방하기 위해
서는 마사지를 열심히 해야 한다는 것이 상식처럼 되어 있지만 그러
면 유방이 딱딱해진 분들 중에 마사지를 소홀히 한 사람이 있을까?

그런데 왜 모든 매체의 정보에는 마사지를 열심히 하면 예방된다

고 적혀 있을까?

뾰쪽한 방법이 없으니 책임지기 싫어서 상식처럼 되어 있는 정보를 그냥 말하는 것뿐이지 진실로 믿는 것은 아니다.

그렇다. 아직도 부작용을 방지할 정확한 방법이 없다. 부작용 예방에 대한 수많은 논문이 나왔지만 그 모든 방법을 따라 해보더라도 안 된다.

2009년 인터넷에 영국 축구스타 베컴의 와이프이자 유명한 팝그룹인 스파이스 걸스 멤버였던 빅토리아의 사진과 유방 확대에 대한 기사가 났다. 가슴이 작았던 시절의 사진과 수술 후 구형구축이 생겨 모양이 이상한 사진, 그리고 최근 가슴이 더욱 커진 사진. 이 여자는 세계적인 부자이므로, 세계적인 유방 권위자에게 수술을 받았을 것이며 수술 후 유방 관리도 최고로 받았을 것이다. 그런데 왜?

이렇게 어려운 구형구축 현상을 예방할 수 있는 방법을 우연히 알게 되었다. 그것은 몸을 쳐다보는 관점의 차이였다.

유방이 작다는 것은 신체적인 병이 아니다. 이것은 마음의 병이다. 일단 유방 확대를 생각하는 주체는 머리다. 그래서 확대수술을 받는다.

몸의 입장에서 바라보자. 유방이 작지만 생활하는데는 아무런 지장이 없었다. 그런데 어느 날 정신이 들어보니 가슴에 큰 상처가 생겼다. 그리고 이물질이 몸 안에 침범해 있다.

　머리는 수술을 받는 결정을 내렸고, 돈을 지불하면서 기꺼이 수술대에 누워 머리의 병을 고치기 위해 몸을 희생시켰다. 반면에 몸은 본능적으로 구멍 난 상처를 새살로 채워나간다. 이것이 부작용이다. 공간이 새살로 좁혀지는 현상.

　유방 확대수술 후 부작용을 예방하는 키포인트는 '상처 치유의 속도'에 있다. 다시 말하자면 느려야 한다. 그러나 우리가 배운 모든 의학적 지식 중에 상처를 천천히 낫게 하는 교육을 받은 적이 있는가? 이것이 이 부작용을 정복 못하는 이유인 것이다.

　그렇다면 상처 치유를 촉진하는 것은 무엇이었는가? 그것은 혈액순환이다. 혈액순환이 좋으면 빨리 치유되고, 혈액순환이 나빠지면 천천히 치유 된다. 그러니 수술한 유방에 혈액 순환이 잘 안 되도록 해야 한다.

　상처가 난 부위는 통증이 생긴다. 통증은 뇌에 전달되고, 뇌는 그 부위로 혈액순환을 촉진시킨다. 반대로 통증이 없다면 피가 적게 날 것이다. 그러니 유방 수술 후에 어떤 수를 써서도 통증은 없게 해야 한다. 수술할 때 상처를 씻어내는 생리 식염수에 국소 마취약_{부피바케인 두 앰플}을 섞어놓는다.

　그러면 수술이 끝나도 환자는 통증을 전혀 못 느낀다. 이틀 동안 가슴에 연결한 피주머니 관을 통해 국소마취제와 스테로이드를 주입한다. 그러면 가슴은 거의 완벽하게 통증이 없게 된다.

두 번째, 마사지를 많이 하면 유방에 혈액 순환이 좋아진다. 그러니 마사지는 되도록 하지 않는 편이 좋다. 대신 매일 약 10분 정도 엎드려 보형물을 눌러준다. 그러면 공간이 넓어진다.

마지막으로 면역 거부 반응을 유방 확대수술에 적용해서 생각해봐야 한다. 이때까지 유방 삽입물이 몸 안에 들어간 상황에서 면역 거부 현상이 생긴다고 생각한 적이 없었던 것 같다.

가슴에 큰 보형물이 두 개가 삽입되면 인체는 면역 거부 반응이 반드시 생길 것이다. 그것도 수술 후 첫 3개월 동안에 가장 강력하게.

유방 수술하신 환자분들에게 수술 후 2개월 동안 매주 병원에 오라고 해서 덱사메타손 한 앰플을 근육 주사한다.

이상과 같은 방법으로 유방 확대수술을 한 분들을 치료해보니 약 3년간 유방이 딱딱해지는 부작용이 급격히 줄어 들었다.

유방 확대술

여자에게 있어서 유방은 무엇일까?
나는 보석이라고 본다.
귀한 보석을 가진 사람의 심리는 어떨까?

40대 중반 부부가 성형수술 상담을 위해 병원을 방문했다. 상담실에 들어선 부부는 그리 다정스러워 보이지 않았다. 즉 마지못해 따라온 듯이 보이는 남편의 얼굴, 부인이 성형수술 상담을 원할 때 남편들이 따라오는 경우는 그리 흔하지 않다.

부인은 젊은 시절 굉장한 미인이었던 것 같다. 현재도 그러하지만 관상도 보통이 아니었다. 40대 초반이니 얼굴에 하나 둘씩 주름이 생기기 시작할 나이지만 얼굴에 수술할 부위는 없어 보인다. 부인을 괴롭히는 것은 다름 아닌 납작하고 축 쳐져버린 유방이었다.

애기를 낳고 젖을 삭히기 위해 약을 먹고 난 뒤 풍선에 바람이 빠지듯 꺼져버린 유방.

이런 경우는 남편과의 잠자리 횟수도 현격히 줄어들게 되고, 부인들은 남편이 바람을 피우는 게 아닌가 하는 의심증이 들기도 한다. 유방이 커지면 남편에게 다시금 사랑을 받을까 하는 아련한 기대가 있는 경우도 있다.

여자는 나이가 들수록 더욱 사랑에 목말라하는 것 같다. 부인은 약간 부끄러운 듯한 표정으로 유방 확대에 대한 설명을 듣고 있는데 뒤편에 다리를 꼬고 앉아있는 남편의 비아냥거리는 소리가 들려온다.

"남편인 내가 좋으면 그만이지, 누구한테 보여 주려고 저러는지.

그러면 부인은 남편에게 눈을 흘기면서,

"여보~ 가만히 좀 있어요!"

하고는 나에게 사과를 한다.

더 이상의 상담이 어렵다는 생각이 들었다. 이런 경우는 정면 돌파가 최선이다. 나는 부인에게 잠시 밖에 나가 계시라고 했다. 일단 남편과 먼저 이야기를 해야겠다고.

갑작스런 나의 말에 남편은 조금 놀란 듯한 표정이다. 내가 책상 가까이 오라고 하자, 바퀴 달린 의자에서 엉덩이 떼지 않고 가까이 온다. 주루룩~.

일단 눈싸움 한 판 한다. 그리고 최대한 목소리를 낮춘다. 〈친구〉

라는 영화에 나오는 장동건 버전으로, 약간 허스키하게.

"사장~님! 여자에게 있어 유방은 남자의 물건입니다. 사내가 물건 작으면 좋겠습니까? 누구 보여주려고 하는 수술 아닙니다. 자존심 때문에 하는 수술입니다. 그라고 사장님한테 사랑받고 싶어서 하는 수술 아입니까? 안 그렇습니까?"

내 말을 듣고 약간 찔리는 구석이 있는 듯, 눈을 껌벅거리면서 고개를 끄떡인다.

"원장님, 그라마 잘 할 자신 있는교?"

그렇게 그 사모님은 수술을 받게 되었고, 후에 감사하다는 표시로 꽃바구니를 보내왔다.

여자에게 있어서 유방은 무엇일까? 나는 보석이라고 본다. 귀한 보석을 가진 사람의 심리는 어떨까? 도둑 맞을까봐 꼭꼭 숨겨두기도 하지만, 멋진 파티에 가면 남들에게 자랑도 하고 싶지 않을까?

유방은 꼭꼭 숨겨두기도 하지만 멋진 드레스를 입고 반만 보여주며 자랑도 하고 싶은 것이다. 그래서 여자에게 있어 유방은 보석이기도 하다.

미용 수술이란 것

잘못하면 마음의 병을 더 크게 만들 수도 있는
아슬아슬한 줄타기와 같은 일이 미용수술이었습니다.

2009년 11월.

개업한 지 10년이 되었습니다. 이럭저럭 시간이 많이 흘러 갔습니다.

미용 수술이란 게 수술 받을 사람이 조금만 몸이 아파도 하지 못합니다. 의사란 아픈 사람을 고치는 게 일입니다. 그런데 성형외과 의사는 아픈 사람은 다른 병원 가서 고치라 하고, 병이 다 나은 다음에 수술하러 오라고 해야 하는 참 웃기는 역할을 해야 합니다.

어느 하루는 생리라 수술 캔슬, 감기 기운이 있어서 캔슬, 체한 것 같아서 캔슬…. 이런 저런 이유로 다 취소하고 나서 하루 종일 놀았습니다. 놀면서 생각해 봤습니다. 내가 하는 미용 수술이란 게 도대체 무엇인지를.

참 아이러니하게도 내가 하는 일이란 건강한 사람한테 상처를 내는 것입니다. 그래서 깨달았습니다. 내가 하는 이 일은 마음의 병을 고치는 일이라는 것을….

자칫 잘못하면 마음의 병을 더 크게 만들 수도 있는 아슬아슬한 줄타기와 같은 일이 미용수술이었습니다.

겸손한 말씀이네요. 마음을 보는 과가 진정한 의사이지요. _이영호

이영주 샘의 철학이 느껴지네요. _이지윤

참 조심스럽게 수술을 하시는군요. 10년 동안 키워온 내공이리라 생각합니다. 성형을 하면서 만나게 되는 불만 고객을 어떻게 다독거려 주느냐 하는 것이 참 중요하다고 느끼고 있습니다. _김우상

마음을 다치지 않게 해야 한다는 말씀에 깊이 공감합니다. 수술이라는 잔재주가 얼마나 환자의 마음을 달래주느냐 하는 것보다도 말한마디, 특히 수술 후 좀 더 살펴주고 이해해주는 일이 더 중요하다 봅니다. 물론 당연히 수술은 잘해드려야 하지만. _이종기

전에도 그러했지만, 환자 마음을 더욱 더 다독거리는 따뜻한 의사 상이 느껴집니다. _김성기

1. 미용수술은 눈물고개 2. 미용수술은 의사의 무지함과 어리석음을 일깨워주는 교훈 3. 앞산 뒤에 무등산, 그 뒤에 팔공산, 그 뒤에 백두산, 4. 체력이 허락하는 한 할 수 있는 것, 5. 예술적 감각과 능력은 타고나는 것이 중요. 저는 타고 나지 않았습니다. 적어도….
재삼 샘처럼 _배성조

왜 제가 갑자기 예능적 감각과 능력에… 저는 계속 배우기만 하다 그래서 못 써먹고 끝날 것 같은 불안감이 많아요. 내년에는 미용 쪽을 내과적인 관점에서 공부하고 싶어요. 외적인 미를 하지 않으면, 내적인 시술도 나타나지 않아서… _김재삼

의사의 스승은 환자 혹은 고객이죠! _노정균

의사는 환자를 통해 배우지만, 환자를 믿지는 말라 합디다. _오세원

예술적 감각과 능력을 타고난 사람이라면, 세계적인 예술가쯤은

되어야 이에 해당이 되겠지요. 설령 성형수술에 필요한 정도의 예술 감은 타고 나지 않았다 하더라도, 평소에 그 방면에 자주 관심을 가지고 가까이 하다 보면 어느 날 문득 동료들과 다른 면이 내게 있다는 것을 느끼고 체험하게 될 겁니다. 기회 있을 때마다 전시회에도 가보고, 박물관에도 가보고, 신문이나 티비도 그 방면으로 시청하고. _김성기

미용 수술에 담긴 깊은 철학이 느껴집니다. _김응석

아…! 깊은 철학을 마음으로 느끼고 갑니다. _추태승

주옥같은 말씀들 할 말이 없네유. 하여간 이영주 교주님 말씀은 많은 교훈을 주네요. 감사 감사. _김병언

별다른 말씀을 드릴 수가 없습니다. 한없이 배우고 공부하고 고개 숙일 수밖에 없는 대통연입니다. 더욱 더 환자의 마음까지 어루만져 드릴 수 있도록 노력하겠습니다, 라고 밖에….

이별 연습

기다림은 만남을 목적으로 하지 않아도 좋다.

학생 때 아주 인기가 있었던 시가 있었습니다. 대구 출신 시인이
신데 글의 시작이 아주 멋있었습니다.

"기다림은 만남을 목적으로 하지 않아도 좋다."

지나간 과거를 돌아보면 좋은 분들이 참 많이 제 곁에 있었던 것
같습니다. 그렇게 하나 둘씩 추억으로 간직할 뿐 이제는 이러 저러
한 이유로 만나지 않고 있고, 한편으로는 굳이 다시 만나려고 애쓰
지 말자는 생각도 듭니다.

한 가지씩의 이유로 만났고 또한 결론을 보았기에, 그리고 누구의
탓이라 할 수 없는 이유로 이별하였으므로….

그렇게 연이 있어서 만났고, 그 연이 다했으므로 이별이 찾아왔으니 애써 돌아보지 말자고.

어차피 인생이란 게 빚이 있어 정리하러온 것이므로….

오늘따라 서정윤 시인의 《홀로 서기》라는 시를 다시 읽고 싶습니다.

명상을 할 때 이별연습을 한 적 있었습니다. _박상호

새벽에 쓰셨네요. 술 한잔 하셨어요? "기다림은 만남을 목적으로 하지 않아도 좋다." 기다림의 정취가 물씬 풍겨나는 참 멋진 말입니다.

하지만 꼭, 반드시, 기필코, 우짜든지 간에 만나야만 하는 기다림이 있습니다. 안 만나면 안 되는, 절대로 안 되는 그런 만남이 있습니다. 그런 기다림의 시간은 길면 길수록 정말 사람 피 말립니다. 드디어 만났을 때의 그 성취의 만족감은 이루 말할 수 없을 만큼 기쁩니다. 오랜 기다림 속에 만난 소중한 인연은 일생을 함께 할 만남입니다. _노정균

누구를 만난다는 것은 설렘입니다. 그리움이고 열정이며 삶 그 자체입니다. 헤어짐도 그리움이고 또 다른 만남을 위한 기다림의 시간입니다.

잘 만나기 위해 우리는 또 다시 자신을 단장해야 할 시간입니다. 누군가가 그리워지는 그런 날이네요. 촉촉이 비가 내리고, 내 마음도 촉촉이 비에 젖고 그리움만 커 가네요. 좋은 글을 읽으니 기분이 좋아서 저도 몇 자 적어 보았습니다. _김우상

"연"은 전생에 인과관계가 이루어진 거라 현생에서는 어쩔 수 없이 만나고 헤어짐을 경험하여야 하지요. 다만 아프지 않게 헤어질 수 있는 수양이 필요하거나, '무아'를 느낄 수 있는 '돈오'의 경지에 이를 수 있으면 좋으련만… _배성조

소유보다 존재 그 자체가 더 의미가 있다는 사실을 깨닫기까지 참 오래 걸렸습니다. 결과보다 과정을 더 귀하게 여기며 살아가려고 노력합니다. 보이지 않는 것이 더 귀하다고 알고 있지만, 항상 보이는 것에 무너지는 부질없는 육신이 날 더욱 힘들게 합니다.

새해에도 모두들 건강하시길 빕니다. _양태영

항상 멋있는 이영주 선생님, 한때 나를 방황하게 만든 시였습니다.

홀로서기 1… 둘이 만나 서는 게 아니라/홀로 선 둘이가 만나는 것이다…. 1… 기다림은 만남을… 이렇게 시작하죠?

제가 젤로 이 시 중에서 좋아했던 구절은, '태어나면서 이미/누군가가 정해졌었다면/이제는 그를/만나고 싶다'라는 구절이었습니다.

아… 소주, 동태탕이 갑자기 생각납니다. 밖에 비 오나 보니, 안 오네요. 참아야지, 토요일까지. 그날 홀로서기 생각하며 진하게 가슴으로 눈물 흘리며 한잔 합시다.

영주 샘이 날 슬프게 만드시네요. 옛날 생각이 나서… _박영호

어차피 인생이란 게 빚이 있어 정리하러 온 것이므로 저는 오히려 이 구절이 더 와 닿네요, 힘들면 힘들수록 '내가 이전에 많은 빚을 지었나 보다' 하는 그런 생각이 듭니다. 그저 순간순간 하루하루 그렇게 잘 살아가야겠지요.

갑자기 영주 형님이 몸서리치게 보고 싶네요. _김응석

닭살 돋네, 호모?

김응석 선생이 곱상하니 여자겠고 이영주 선생이 남자. _김성기

이름으로 보면 반대. _양원재

송년의 밤에 홀로서기 시를 한번 읊으면서 한 잔 해야겠습니다.

한잔 하고 한 구절 읽고… 안주처럼.

이태백이 그렇게 술을 마셨겠지요.

어느 술집 간판에 이런 글이 있었습니다.

'술은 내가 마셨는데 바다가 취했다.'_이영주

이태백의 술을 노래한 많은 시 중에서 돋보이는 시는 월하독작달을 벗 삼아 홀로 술을 마시노라입니다.

옮겨봅니다.

월하독작1月下獨酌1－이백李白

花間一壺酒화간일호주 꽃나무 사이에서, 한 동이 술을

獨酌無相親독작무상친 친구 없이, 혼자 술을 마신다

擧杯邀明月거배요명월 잔 들어 밝은 달을 맞고

對影成三人대영성삼인 그림자를 마주하니 셋이 친구 되었네

月旣不解飮월기부해음 달은 술을 아예 마시지 못하니

影徒隨我身영도수아신 그림자만 부질없이 나를 따라 다니네

暫伴月將影잠반월장영 잠시 달을 친구하고 그림자 거느리고

行樂須及春항낙수급춘 즐거움을 누리는 이 일 봄에야 가능하리

我歌月徘徊아가월배회 내가 노래하면 달도 따라다니고

我舞影零亂아무영령난 내가 춤추면 그림자도 덩실덩실 춤을 춘다

醒時同交歡성시동교환 깨어서는 함께 서로 기뻐하고

醉后各分散취후각분산 취한 뒤에는 각자 나누어 흩어진다.

永結無情游영결무정유 정에 얽매이지 않는 사귐을 영원히 맺어

相期邈雲漢상기막운한 저 멀리 은하수에서 만나기를 서로 기약하자

자연과 하나 되는 인생관이 생생하게 그려져 있습니다. _김성기

제가 좋아하는 이백의 또 다른 권주가입니다.

兩人對酌山花開양인대작산화개

둘이 마주 앉아 술을 마시는데 때마침 산꽃이 피는구나

一杯一杯復一杯일배일배부일배

한 잔 한 잔 또 한 잔이로다

我醉欲眠卿且去아취욕면경차거

나 취하여 한 잠 잘 것이니 그대 먼저 가시게나

明朝有意抱琴來명조유의포금래

내일 아침에 또 술 생각이 나거든 거문고 안고 오시게

진정한 주당들이죠? _노정균

우리는 요술램프를 가졌음에도 그 존재를 잊고 산다. 이영주 원장은 그 램프에 끊임없이 주문을 건다. _김교영 (매일 신문 경제 팀장)

이 책을 읽고 서로 아끼고 배려하고 참아줄 줄 아는 이가 더욱 많아졌으면 합니다. _김기완 (동우 세라믹 대표)

이 책속에는 세상과 더불어 행복하고 즐거운 인생을 살게 해줄 주문이 담겨 있다. _김응석 (대한 통합 의료 연구회 회장, 메디캐슬 선 내과 원장)

책속에 묻어나는 영주 형님의 해박한 지식과 빛나는 지혜가 바로 램프의 요정, 지니가 아닐까 생각합니다. _김민철 (㈜쁘띠마리에 대표)

사람들의 행복한 고리 연결에 열정을 쏟는 사람, 하얀 이를 드러내며 유난히도 행복한 웃음을 보여주는 사람, 그 사람 이영주의 '램프'에는 그래서 '감사'가 담겨져 있음을 느낀다. 언제나 사람들 사이에서 함께이길 원하는 그의 새 책에서 많은 이들이 '행복의 지도'를 찾아보기 바란다. _김준영 (㈜금문아이디 대표)

이 책을 통해 인간의 몸이 램프이고 각자의 수호신인 거인이 몸 안에 있다는 사실을 알게 되었습니다. 그 거인을 깨우는 주문이 '덕분입니다'인 것 같습니다. '영주야, 출판 축하한다!' _김재홍 (대호약품 대표)

먼저 바쁜 의술을 베푸는 일과 속에서도 《요술램프 문지르기》 책 출간을 진심으로 축하드립니다. 이 세상 발길에 부딪히는 것이 사람들이라지만 당신처럼 다른 사람들이 기댈 수 있는 가슴을 가진 사람은 귀합니다. 또 다른 사람의 이야기를 들어 줄 사람은 얼마든지 있지만 당신처럼 열중해서 귀 기울이는 사람은 아주 귀합니다. 즐거운 일이 생기면 함께 기뻐해 줄 사람은 흔하지만 당신처럼 울고 싶고 힘들 때 만나서 남에게 용기를 불어넣어주는 사람은 너무 너무 귀합니다. 세상에서 이토록 남에게 항상 사랑과 정을 베풀고 봉사하는 참 좋은 사람을 아우로 곁에 두고 있는 나는 행복한 사람입니다. 다시 한 번 진심으로 책 출간을 축하드리고 무한한 건승을 기원합니다.
_김창환 (한나라당 전국 위원)

창의적이고 따뜻한 위트를 전해주는 이영주 원장님의 흥미로운 책발간을 환영합니다. _배성조 (배성조 내과 원장)

영주야, 새로운 책 출간을 진심으로 축하한다. 항상 모든 사람들에게 밝은 웃음을 주는 사람으로 남기를 바랄게. _백승호 (명 안과 원장)

내안에 잠재되어 있는 거인(꿈)을 이끌어 내준 이영주 원장. 당신은 요술쟁이입니다. _임원근 (월드 드림 피쉬 회장)

내게 너무나 소중한 친구이자 동료인 이영주 원장의 요술램프 문지르기 책 출간을 진심으로 축하한다. 어린 시절 희미한 기억 속의 요술램프를 이 원장 덕분에 꺼내어 볼 수 있을 것 같아 너무 고맙고, '감사'의 마음이 얼마나 소중한지를 알았다. 이제 슬슬 내 몸속의 요술램프를 꺼내볼까? 덕분입니다. 감사해요. 사랑합니다. _손수호 (대구 손수호 내과 원장)

사랑하는 영주 형의 책은 내 안에 잠자고 있는 거인을 깨워 주었다. _신민철 (오월의 정원 이사)

세상에 형님이란 분이 계셔서 너무 행복합니다. 출판을 축하합니다. _신정훈 (대명 리사이클링 대표)

이영주 원장은 사과나무다. 세상 사람들이 사과나무 아래로 모이면 넉넉하게 사과를 나눠 줄, 사랑이 많은 의사다. 축하한다, 아우야. _오상종 (박진영 회계사무소 소장)

나 자신만을 위해 문지르지 말고 그 동안 나를 있게 해준 주위의 고마운 분들을 위해 문질렀으면…. _이광우 (대구 수성구 위생과 과장)

요술램프를 문지르면 지니가 나와 소원을 들어주듯이 모든 사람들의 몸과 마음의 행복을 전하는 지니가 되어 주세요. 이영주 지니를 만나면 우리는 행복해져요. _이광해 (아사다라 대표)

또 다른 삶의 진리를 말씀해주신 덕분교 교주님의 책 출간을 축하드립니다. 덕분교 부교주 올림. _이국현 (L&H 개발 대표)

요셉은 꿈꾸는 사람이었고, 그 꿈은 항상 이루어졌습니다. 늘 새로운 꿈을 꾸는 요셉 형님은 영원한 청년입니다. 출판을 축하합니다. _이신일 (그레이스 성형외과 원장)

이 책에, '세상에서 가장 먼 길은 머리에서 가슴까지'라는 글이 있습니다. 그 뜻을 물으니 영주 형님은 사람을 머리로 만나지 말고 가슴으로 만나라고 말씀해 주셨습니다. 평생 명심하고 살겠습니다. 축하합니다. 덕분입니다! _이종수 (진성 개발 대표)

지금 이 순간을 확실히 꽉 끌어안고 멋지게 살아가는 내 친구 영주의 책 출간을 축하한다. 여러분은 이 책 펼치는 순간 지독한 행복 바이러스에 감염될 것이다. _이해길 (㈜태양기전 전무이사)

미래에 대한 두려움과 싸우는 방법은 간단하다. "뭐, 그만한 일을 가지고…" 이 책속에는 그런 지혜가 가득하다. _이헌우 (대한 미용사 협회 대구광역시 협회장)

항상 이해하시고, 노력하시고, 생각하시고, 실천하시고, 겸손하신…. 말하지 않아도 늘 편안한 미소와 겸손한 몸짓으로 느낄 수 있었습니다. 좋은 생각과 마음이 세상 빛을 보게 된 것을 진심으로 축하하며 계속해서 좋은 생각, 좋은 마음 부탁드립니다. 다시 한 번 진심으로 축하합니다. _임종혜 (IOU 산악회 총무)

이 책에는 늘 반복되는 지루한 일상이지만 작은 것에서 웃음을 나눌 수 있는 이야기들이 담겨 있습니다. 소중한 선물입니다. _정희석 (신화주류 대표)

사랑하는 친구에게 인생의 팁을 또 하나 배웁니다. 축하합니다. 친구를 잘 둔 덕분입니다. _최병선 (㈜신라공업 전무이사)

형님의 요술램프 문지르기 책 출간을 진심으로 축하 드립니다. 매일 '덕분입니다' 말하면서 살겠습니다. _하태원 (서울 하태원성형외과 원장)

아무리 자신감이 넘쳐도 혼자는 갈 수 없습니다. 도와주세요. _한상섭 (경상병원 이사장)

요술램프 문지르기

초판 | 1쇄 발행 2010년 12월 10일
지은이 | 이영주 · 펴낸이 | 김소양
편집주간 | 최 준 · 마케팅 | 김미원, 전민상
디자인 | 이현미, 양윤석, 윤나리

주소 | 서울 서초구 양재2동 299-5 남양빌딩 6층
마케팅 | 02-566-3410 · 편집실 | 02-575-7907 · 팩스 | 02-566-1164
블로그 | blog.naver.com/wrigle · 이메일 | wrigle@hanmail.net

발행 | ㈜우리글 · 출판 등록 | 1998년 6월 3일

ISBN 978-89-6426-024-1 03040
「이 도서의 국립중앙도서관 출판시도서목록 (CIP)은
e-CIP 홈페이지(http://www.nl.go.kr/ecip)에서 이용하실 수 있습니다.
(CIP제어번호 : CIP 2010004358)」

* 잘못된 책은 바꾸어 드립니다.
* 책값은 뒤표지에 있습니다.